Manifesto contra o trabalho

Grupo Krisis

Nova edição, 2020

Manifesto contra o trabalho

Título original: Manifest gegen die Arbeit
Gruppe krisis, 1999
www.krisis.org

Nova edição, 2020
Tradução: Javier Blank e Marcos Barreira
Contato: krisisemportugues@gmail.com

Krisis / Igra Kniga
ISBN: 978-65-990885-0-6

Sumário

Apresentação da nova edição em português

Há vinte anos foi publicada a primeira edição alemã do *Manifesto contra o trabalho*. Quase simultaneamente, circulou no Brasil uma tradução para o português, em edição limitada, divulgada pelo geousp/labur. Esse mesmo texto serviria de base para a publicação do *Manifesto* pela editora Conrad, em 2003. Uma nova tradução apareceu no mesmo ano, em Portugal, a cargo da editora Antígona. A tradução que agora oferecemos ao leitor, em colaboração com o grupo *Krisis*, é uma reelaboração das versões anteriores.

"A crítica do trabalho continua tão atual como sempre foi", diz Norbert Trenkle, um dos autores do Manifesto, no adendo que acompanha esta nova edição em português. De fato, cada dia ainda mais atual e mais urgente, dado o estado precário da economia mundial, com levas cada vez maiores de desempregados, de refugiados das regiões colapsadas, com a crise social sempre crescente mesmo nos países centrais e o avanço da destruição do meio ambiente. Também a política, frequentemente apontada pelos realistas de todos os tipos como a única alternativa, só abandona seu estado geral de impotência para se somar, ela própria, às potências destrutivas da sociedade da mercadoria. Na conjuntura brasileira, a anestesia política que se seguiu à época do lançamento do *Manifesto* já terminou. Rapidamente, o "pleno emprego" se transforma em desemprego recorde, a "nova matriz de desenvolvimento" se revela uma economia de simulação, novos e cada vez mais frágeis "portadores de esperança" dos mercados sucedem uns aos outros – da simples mudança política ao programa de desmantelamento social – sem qualquer resultado prático para a "retomada do crescimento".

Diante desse quadro, nada mais plausível do que resgatar a crítica fundamental da sociedade da mercadoria e do trabalho que permaneceu adormecida por todos esses anos. Se nos anos 1990 a teoria da crise da "crítica do valor", sobretudo a sua explicação da derrocada do socialismo de Estado, desempenhou um papel relevante nos debates da esquerda brasileira, a crítica do trabalho e dos limites da política permaneceu praticamente sem eco. A crise de 2008 permanece em grande parte sem uma explicação teórica adequada e o fracasso da "administração da crise" na América Latina é interpretado em termos meramente politicistas, como se a sociedade do trabalho passasse muito bem. Muitos ainda preferem acreditar em uma normalidade que existe apenas na imaginação mais extravagante. Daí a atualidade do *Manifesto*, cujo objetivo é romper "o monopólio de interpretação do mundo pelo campo do trabalho" e "tornar pensável o impensável".

Esta nova edição em português celebra os 20 anos da publicação do texto original e destaca também a sua terrível atualidade. Por outro lado, o domínio do trabalho se alastrou de tal forma que muitas vezes a própria crítica do trabalho reproduz, involuntariamente, a ideologia desse "cadáver que domina a sociedade". É assim que até nas traduções anteriores do *Manifesto*, o imperialismo do conceito moderno de trabalho se impõe discretamente, quando o esforço ou a fadiga se tornam "trabalho" ou quando as pessoas, qualquer que seja sua situação, são classificadas de modo genérico como "trabalhadores". Tudo isso, juntamente com a clarificação dos conceitos e da análise em geral, faz parte de um processo lento de apreensão de um ponto de vista teórico-crítico que continua a desafiar o nosso senso comum. Isto motivou também a presente tradução e a edição comemorativa. Portanto, não se trata apenas de recolocar as ideias em circulação, mas de aprimorar a compreensão da crítica do trabalho de modo a voltá-la contra a nossa própria forma de pensamento.

Os tradutores

1. O domíno do trabalho morto

UM CADÁVER DOMINA A SOCIEDADE - o cadáver do trabalho. Todos os poderes ao redor do globo uniram-se para a defesa desse domínio: o Papa e o Banco Mundial, Tony Blair e Jorg Haider, sindicatos e empresários, ecologistas alemães e socialistas franceses. Todos eles só conhecem um lema: trabalho, trabalho, trabalho!

Os que ainda não desaprenderam a pensar reconhecem facilmente a falta de fundamento dessa atitude. Pois a sociedade dominada pelo trabalho não passa por uma simples crise passageira, mas alcançou seu limite absoluto. A produção de riqueza tem se desvinculado cada vez mais, na sequência da revolução microeletrônica, do uso de força de trabalho humano - numa escala que há poucas décadas só era imaginável na ficção científica. Ninguém pode afirmar seriamente que esse processo será freado mais uma vez, ou mesmo que possa ser invertido. A venda da mercadoria força de trabalho será no século XXI tão promissora quanto a venda de diligências no século XX. Nesta sociedade, no entanto, quem não consegue vender sua força de trabalho é considerado “supérfluo” e é jogado no depósito de lixo social.

> *Cada um deve poder viver de seu trabalho, diz o princípio estabelecido. O poder viver está assim condicionado pelo trabalho, e não existe tal direito onde esta condição não foi preenchida.*
>
> Johann Gottlieb Fichte, Fundamentos do direito natural segundo os princípios da Doutrina da Ciência, 1797

Quem não trabalha, não come! Esse princípio cínico vale ainda hoje – e agora mais do que nunca, justamente porque se tornou irremediavelmente obsoleto. É um absurdo: a sociedade nunca foi tanto sociedade do trabalho como na época em que o trabalho se torna supérfluo. É precisamente na sua morte que o trabalho revela seu poder totalitário, que não tolera outro deus ao seu lado. Até nos poros do cotidiano e nos íntimos da psique, o trabalho determina o pensar e o agir. Não se poupa nenhum esforço para prorrogar artificialmente a vida do ídolo-trabalho. O grito paranoico por “emprego” justifica até mesmo avançar com a destruição, há muito tempo reconhecida, dos fundamentos naturais. Os últimos empecilhos para a comercialização generalizada de todas as relações sociais podem ser eliminados acriticamente diante da perspectiva da criação de alguns poucos e miseráveis "postos de trabalho". E o ditado que diz "melhor 'qualquer' trabalho do que nenhum" tornou-se um credo exigido a todos.

Quanto mais fica evidente que a sociedade do trabalho chegou a seu fim definitivo, tanto mais violentamente esse fim é reprimido na consciência da opinião pública. Os métodos dessa repressão psicológica, mesmo sendo muito diferentes, têm um denominador comum: o fato mundial de que o trabalho se revela como um irracional fim em si mesmo, que se tornou ele mesmo obsoleto, é redefinido - com a obstinação de um sistema maníaco - como fracasso pessoal ou coletivo de indivíduos, empresas ou "localizações". A barreira objetiva ao trabalho deve aparecer como um problema subjetivo dos caídos.

Enquanto alguns consideram o desemprego como produto de exigências exageradas, falta de empenho e de flexibilidade, outros acusam "seus" gerentes e políticos de incompetência, corrupção, ganância ou traição do interesse local. Mas enfim todos concordam com o ex-presidente alemão Roman Herzog: precisa-se por assim dizer de uma "sacudida" pelo país, como se fosse um problema motivacional de um time de futebol ou de uma seita política. Todo mundo deve, "de alguma forma", mandar brasa mesmo que brasa não haja mais, e todo mundo deve "de alguma forma" botar energicamente a mão na massa, mesmo que não haja mais nada (ou apenas coisas absurdas) para fazer. As entrelinhas dessa mensagem infeliz são muito claras: quem, apesar disso, não desfruta da misericórdia do ídolo-trabalho é ele mesmo culpado e pode ser proscrito ou até mesmo descartado com boa consciência.

A mesma lei do sacrifício humano vale em escala mundial. Os países, um após o outro, são triturados sob as rodas do totalitarismo econômico, o que comprova sempre a mesma coisa: não atenderam às assim chamadas leis do mercado. Quem não se "adapta" incondicionalmente ao curso cego da concorrência total sem consideração pelas perdas é penalizado pela lógica da rentabilidade. Os portadores de esperança de hoje são a sucata econômica de amanhã. Os psicóticos econômicos dominantes não se deixam abalar minimamente por isso em sua bizarra explicação do mundo. Três quartos da população mundial já foram praticamente declarados lixo social. Uma "localização" após a outra cai no abismo. Depois dos desastrosos "países em desenvolvimento" do Hemisfério Sul e após o setor do capitalismo de Estado da sociedade mundial de trabalho no Leste europeu, também os alunos exemplares da economia de mercado no Sudeste Asiático desapareceram no Orco do colapso. Também na Europa espalhou-se há muito tempo o pânico social. Os cavaleiros da triste figura da política e do gerenciamento continuam, porém, em sua cruzada ainda mais ferrenha em nome do ídolo-trabalho.

2. A sociedade neoliberal do apartheid

UMA SOCIEDADE CENTRADA NA abstração irracional do trabalho desenvolve, inevitavelmente, a tendência ao *apartheid* social quando a venda bem-sucedida da mercadoria força de trabalho passa de regra a exceção. Todas as facções do campo do trabalho, abarcando todos os partidos, há muito tempo aceitaram sigilosamente essa lógica e ainda a reforçam. Elas não brigam mais sobre *se* cada vez mais pessoas são empurradas para o abismo e excluídas da participação social, mas apenas sobre *como* essa seleção tem de ser implementada.

A facção neoliberal deixa, confiantemente, o negócio sujo social-darwinista para a "mão invisível" do mercado. Nesse sentido, as redes do Estado Social são desmontadas para marginalizar o mais silenciosamente possível todos aqueles que não conseguem se manter na concorrência. Só são reconhecidos como seres humanos os que pertencem à fraternidade dos sorridentes vencedores da globalização. Todos os recursos do planeta são usurpados sem hesitação para a máquina capitalista do fim em si mesmo. Caso eles não sejam mais mobilizáveis rentavelmente para isso, devem permanecer em pousio, mesmo quando, ao lado, populações inteiras são condenadas à fome.

O incômodo "lixo humano" fica por conta da polícia, das seitas religiosas de salvação, da máfia e dos sopões para pobres. Nos Estados Unidos e na maioria dos países da Europa Central, já existem mais pessoas na prisão do que em uma ditadura militar qualquer. Na América Latina, são assassinadas diariamente mais crianças de rua e outros pobres pelos esquadrões da morte da economia de mercado do que oposicionistas nos tempos da pior repressão política. Aos excluídos só resta uma função social: a de exemplo aterrorizante. O destino deles deve incentivar permanentemente a todos os que ainda fazem parte da corrida de "peregrinação a Jerusalém" da sociedade do trabalho a lutar pelos últimos lugares; e ainda deve incitar as próprias massas de perdedores a se manterem em movimento frenético, para nem sequer chegarem à ideia de se rebelar contra as exigências descaradas.

Mas, mesmo pagando o preço da auto-resignação, o admirável mundo novo da economia de mercado totalitária deixou para a maioria das pessoas apenas o lugar de homens-sombra numa economia-sombra. Eles devem se oferecer humildemente aos ganhadores bem remunerados da globalização como empregados ultrabaratos e escravos democráticos da "sociedade de prestação de serviços". Os novos "pobres laboriosos" têm o direito de engraxar o sapato dos *businessmen* da moribunda sociedade do trabalho ou de vender-lhes hambúrguer contaminado, ou de vigiar o seu *shopping center*. Quem deixou seu cérebro na chapeleira da entrada pode até sonhar com uma ascensão a milionário dos serviços.

> *O ladrão [vigarista] destruiu o trabalho e, apesar disso, tirou o salário de um trabalhador: agora deve trabalhar sem salário, mas, mesmo no cárcere, deve pressentir a bênção do êxito e do ganho. (...) Ele deve ser educado para o trabalho honesto enquanto um ato pessoal livre através do trabalho forçado.*
>
> Wilhelm Heinrich Riehl,
> O trabalho alemão, 1861

Nos países anglo-saxônicos, esse mundo de horror já é realidade para milhões, isso sem falar no Terceiro Mundo e no Leste Europeu; e os países do Euro mostram-se decididos a superar, rapidamente, esse atraso. Os periódicos econômicos não fazem mais nenhum segredo sobre como imaginam o futuro ideal do trabalho: as crianças do Terceiro Mundo, que limpam os para-brisas dos automóveis nos cruzamentos poluídos, são o modelo brilhante da "iniciativa empresarial", que deveria orientar os gratos desempregados do deserto local da prestação de serviço". "O modelo para o futuro é o indivíduo como empresário de sua força de trabalho e de sua própria previdência", escreve a "Comissão para o Futuro dos Estados Livres da Baviera e da Saxônia". E ainda: "a demanda por serviços pessoais simples é tanto maior quanto menos custam, isto é, quanto menos ganham os prestadores de serviço". Num mundo em que ainda existisse autoestima humana, uma frase desse tipo provocaria uma revolta social. Num mundo de animais de trabalho domesticados da sociedade do trabalho, ela provoca apenas um resignado balançar de cabeça.

3. O apartheid do neo-estado social

AS FACÇÕES ANTINEOLIBERAIS DO campo do trabalho na sociedade social como um todo podem não gostar muito desta perspectiva, mas precisamente para elas é óbvio que um ser humano sem trabalho não é um ser humano. Fixadas nostalgicamente na Era fordista de trabalho em massa do pós-guerra, elas não pensam em outra coisa a não ser em revitalizar aqueles tempos idos da sociedade do trabalho. O Estado deveria endireitar novamente aquilo que o mercado não é mais capaz de fazer. A aparente normalidade da sociedade do trabalho deve agora ser simulada por meio de "programas de ocupação", trabalhos comunitários forçados para quem utiliza a assistência social, subvenções de localizações, endividamento estatal e outras medidas políticas. Esse estatismo de trabalho requentado e sem convicção não tem a menor chance de êxito, mas continua como o ponto de referência ideológico para amplas camadas da população ameaçadas pela queda. E precisamente na sua desesperança, a práxis dali resultante é tudo menos emancipatória.

A metamorfose ideológica do "trabalho escasso" em primeiro direito da cidadania exclui consequentemente todos os não-cidadãos. A lógica de seleção social não é posta em questão, mas é apenas definida de outra maneira: a luta individual pela sobrevivência deve ser atenuada por critérios étnico-nacionalistas. "A máquina de trabalho nacional, só para os nacionais", clama a alma popular, que no seu amor perverso pelo trabalho, reencontra a comunidade nacional. O populismo de direita não esconde essa conclusão. Sua crítica da sociedade da concorrência leva apenas à limpeza étnica das zonas da riqueza capitalista em declínio.

Em oposição a isso, o nacionalismo moderado de cunho socialdemocrata ou verde pretende aceitar os imigrantes que há muito se estabeleceram para trabalhar como se fossem do país, e na medida em que estes se comportem bem, de maneira reverente e inofensiva, transformá-los em cidadãos. Mas o agravamento da rejeição dos refugiados do Leste e do Sul pode, assim, ser mais facilmente legitimada de forma populista e executada de modo mais silencioso - o que fica, obviamente, sempre escondido por trás de um palavrório de humanidade e civilidade. A caça aos "ilegais" que pleiteiam postos de trabalho nacionais não deve deixar, se possível, nenhuma mancha indigna de sangue e fogo em solo europeu. Para isso existe a guarda de fronteira, a polícia e os países-tampão do espaço Schengen, que resolvem tudo conforme o direito e a lei e, de preferência, longe das câmeras de televisão.

A simulação estatal de trabalho é, por natureza, violenta e repressiva. Ela significa a vontade incondicional de manter a ditadura do ídolo-trabalho, mesmo após a sua morte, com todos os meios disponíveis. Esse fanatismo burocrático do trabalho nem sequer permite que os que caíram fora, os desempregados e os que não têm oportunidades, além de todos aqueles que por boas razões se recusam a trabalhar, descansem nos já miseravelmente estreitos nichos do Estado de Bem-Estar arruinado. Eles são arrastados por assistentes sociais e agências de emprego para os holofotes do interrogatório estatal e são forçados a prestar reverência publicamente perante o trono do cadáver reinante.

> *Qualquer emprego é melhor do que nenhum.*
>
> Bill Clinton, 1998
>
> *Nenhum emprego é tão duro como não ter emprego.*
>
> Lema de uma exposição de cartazes da Divisão de Coordenação Federal da Iniciativa dos Desempregados da Alemanha, 1998

Enquanto na justiça vigora normalmente o princípio "em dúvida, a favor do réu", aqui o ônus da prova se inverteu. Se futuramente não quiserem viver de ar e da caridade cristã, os que caíram fora precisam aceitar qualquer trabalho sujo ou escravo e qualquer "programa de ocupação", por mais absurdo que seja, para demonstrar sua disposição incondicional para com o trabalho. Se o que eles conseguem fazer tem um mínimo de sentido ou cai em puro absurdo é completamente irrelevante. O que importa é que eles fiquem em movimento permanente para que nunca esqueçam a que lei sua existência obedece.

Antes, os homens trabalhavam para ganhar dinheiro. Hoje, o Estado não poupa gastos para que centenas de milhares de pessoas simulem o trabalho perdido em estranhas “oficinas de treinamento” ou “empresas de ocupação”, para que fiquem em forma para “postos de trabalho" regulares que eles nunca ocuparão. Sempre novas e cada vez mais estúpidas "medidas" são inventadas, apenas para preservar a aparência de que o moinho do trabalho social que gira em falso pode permanecer em movimento por toda a eternidade. Quanto menos sentido tem a coerção do trabalho, mais brutalmente martela-se no cérebro das pessoas que não há mais almoço grátis.

Nesse sentido, o *New Labour* e os seus imitadores ao redor do mundo revelam-se inteiramente compatíveis com o modelo neoliberal de seleção social. A simulação do "emprego" e a ilusão de um futuro positivo para a sociedade do trabalho criam a legitimação moral para que sejam tomadas medidas ainda mais duras contra os desempregados e os que se recusam a trabalhar. Ao mesmo tempo, o trabalho forçado do Estado, as subvenções salariais e o chamado "trabalho cidadão voluntário" reduzem cada vez mais os custos do trabalho. Assim, promove-se massivamente o desenfreado setor dos baixos salários e do trabalho de miséria.

A assim chamada política ativa de trabalho, segundo o modelo do *New Labour*, não poupa nem mesmo doentes crônicos e mães solteiras com crianças pequenas. Quem recebe auxílio estatal só se livra do estrangulamento institucional quando pendura a plaquinha prateada no dedão do pé. O único sentido dessa impertinência é evitar tanto quanto possível que as pessoas façam qualquer demanda ao Estado e mostrar aos que caíram fora instrumentos tão terríveis de tortura que, diante deles, qualquer trabalho de miséria pareça agradável.

> *O trabalho cívico deve ser gratificado e não remunerado... mas quem atua no trabalho cívico também perde a mácula do desemprego e da recepção de auxílio social.*
>
> Ulrich Beck,
> A alma da democracia, 1997

Oficialmente, o Estado paternalista só chicoteia por amor, a fim de educar severamente os seus filhos, denunciados como “preguiçosos”, em nome de seu próprio progresso. Na realidade, essas medidas “pedagógicas” só têm como objetivo afastar os fregueses de sua porta. Que outro sentido poderia ter obrigar os desempregados a trabalhar na colheita de aspargos? Ali eles devem expulsar os trabalhadores sazonais poloneses, que só aceitam os salários de fome dadas as taxas de câmbio, que os transformam em um pagamento aceitável. Mas essa medida é inútil aos que são forçados a trabalhar e tampouco abre qualquer "perspectiva de carreira". E mesmo para os produtores de aspargos, os acadêmicos mal-humorados e a mão de obra qualificada que lhes são enviados significam apenas um estorvo. Mas se, após a jornada de doze horas nos campos alemães, por desespero, a ideia estúpida de ter uma barraca de cachorro-quente aparecer subitamente sob uma luz mais agradável, então a "ajuda para a flexibilização" teve seu efeito neobritânico almejado.

4. O agravamento e o desmentido da religião do trabalho

O NOVO FANATISMO DO TRABALHO, com o qual esta sociedade reage à morte de seu ídolo, é a continuação lógica e a etapa final de uma longa história. Desde os dias da Reforma, todas as forças que sustentaram a modernização ocidental pregaram a santidade do trabalho. Principalmente durante os últimos 150 anos, todas as teorias sociais e correntes políticas estiveram completamente possuídas pela ideia do trabalho. Socialistas e conservadores, democratas e fascistas combateram-se até a última gota de sangue, mas, apesar de toda a hostilidade mortal, sempre em sacrifício comum ao ídolo-trabalho. “Afastai os ociosos”, dizia o Hino da Internacional operária; “o trabalho liberta” ecoava terrivelmente sobre os portões de Auschwitz. As democracias pluralistas do pós-guerra se professaram ainda mais a favor da eterna ditadura do trabalho. Mesmo a Constituição da arquicatólica Baviera ensina aos seus cidadãos, no sentido da tradição com origem em Lutero, que “o trabalho é a fonte do bem-estar do povo e está sob proteção especial do Estado”. No final do século XX, quase todas as diferenças ideológicas desapareceram. Sobrou o dogma comum impiedoso segundo o qual o trabalho é a determinação natural do homem.

Hoje, a própria realidade da sociedade do trabalho desmente esse dogma. Os sacerdotes da religião do trabalho sempre pregaram que o homem, por sua suposta natureza, seria um *animal laborans*. Somente se tornaria humano ao submeter, como Prometeu, a matéria natural à sua vontade, realizando-se em seus produtos. Esse mito da vocação de conquistador do mundo e demiurgo foi na verdade desde sempre um escárnio em relação ao caráter do moderno processo de trabalho, embora na época dos capitalistas inventores do tipo Siemens ou Edison e seus empregados qualificados, pudesse ter ainda um substrato real. Tal atitude, hoje, é totalmente absurda.

Quem hoje ainda se pergunta pelo conteúdo, sentido ou finalidade de seu trabalho enlouquece - ou se torna um fator de perturbação do fim em si da máquina social. O *homo faber* orgulhoso de seu trabalho, que no seu jeito tacanho ainda levava a sério o que fazia, hoje está tão fora de moda quanto uma máquina de escrever mecânica. O moinho tem que rodar de qualquer jeito e ponto final. Os departamentos de publicidade e exércitos inteiros de animadores e psicólogas de empresa, consultores de imagem e vendedoras de drogas ficam responsáveis pela invenção de um sentido. Onde se fala sem parar em motivação e criatividade, não sobrou nada a não ser autoengano. Por isso, as habilidades de autossugestão, autorrepresentação e simulação de competência estão entre as virtudes mais importantes de gerentes e funcionárias especializadas, estrelas da mídia e contadores, professores e guardas de estacionamento.

> *O trabalho, por mais miserável e interesseiro que seja, está sempre em relação com a natureza. Já o desejo de executar um trabalho conduz cada vez mais à verdade e às leis e prescrições da natureza, que são a verdade.*
>
> Thomas Carlyle,
> Trabalhar e não desesperar, 1843

Também a afirmação de que o trabalho seria uma necessidade eterna, imposta ao homem pela natureza, foi radicalmente desacreditada pela crise da sociedade do trabalho. Há séculos vem sendo pregado que o ídolo-trabalho precisa ser adorado porque as necessidades não podem ser satisfeitas sozinhas, isto é, sem o suor da contribuição humana. E a finalidade de toda essa organização do trabalho seria a satisfação de necessidades. Assim sendo, a crítica do trabalho teria tanto sentido quanto a crítica da força da gravidade. Mas como poderia uma "lei natural" efetivamente real entrar em crise ou desaparecer? Os porta-vozes do campo do trabalho social - da socialite devoradora de caviar, neoliberal, maníaca do desempenho até o sindicalista barriga de chope – ficam sem argumentos com a sua pseudo-natureza do trabalho. Afinal, como pretendem explicar que hoje três quartos da humanidade estejam afundando em estado de calamidade e miséria porque o sistema da sociedade do trabalho já não pode, de maneira alguma, utilizar o seu trabalho?

Não é mais a maldição do Velho Testamento - "comerás teu pão com o suor de teu rosto" - que pesa sobre os que caíram fora, mas uma nova e implacável condenação: "tu não comerás porque o teu suor é supérfluo e invendável". Haveria de ser isso uma lei natural? Não é senão um princípio social irracional que aparece como coerção natural porque, ao longo dos séculos, destruiu ou submeteu todas as outras formas de relação social e se impôs como absoluto. É a "lei natural" de uma sociedade que se considera muito "racional", mas que, na verdade, apenas segue a racionalidade de seu ídolo-trabalho, por cujas "coerções objetivas" está disposta a sacrificar os últimos restos de sua humanidade.

5. O trabalho é um princípio de coerção social

O TRABALHO NÃO É, DE MODO algum, idêntico ao fato de que os homens transformam a natureza e se relacionam ativamente entre si. Enquanto houver homens, eles construirão casas, produzirão vestimentas, alimentos e tantas outras coisas, criarão filhos, escreverão livros, discutirão, cultivarão hortas, farão música etc. Isso é banal e se entende por si mesmo. O que não é óbvio é que a atividade humana em si, o puro "dispêndio de força de trabalho" sem levar em consideração qualquer conteúdo e independentemente das necessidades e da vontade dos envolvidos, seja elevada a um princípio abstrato que domina as relações sociais.

Nas antigas sociedades agrárias existiam as mais diversas formas de dominação e de relações de dependência pessoal, mas nenhuma ditadura da abstração do trabalho. As atividades na transformação da natureza e na relação social não eram, de forma alguma, autodeterminadas, mas também não eram subordinadas a um "dispêndio de força de trabalho" abstrato; estavam integradas em um complexo conjunto de prescrições religiosas e de tradições sociais e culturais de compromissos recíprocos. Cada atividade tinha o seu tempo específico e seu lugar específico; não existia uma forma de atividade abstrata e geral.

Foi apenas o moderno sistema produtor de mercadorias, com seu fim em si mesmo da transformação incessante de energia humana em dinheiro, que criou uma esfera particular, "desvinculada" de todas as outras relações e abstraída de qualquer conteúdo, a esfera do assim chamado trabalho - uma esfera de atividade não autônoma, incondicionada, desconectada e robotizada, separada do restante do contexto social e obedecendo a uma racionalidade abstrata de "economia empresarial", para além das necessidades. Nessa esfera separada da vida, o tempo deixa de ser tempo vivo e vivenciado; torna-se simples matéria prima cujo uso precisa ser otimizado: "tempo é dinheiro". Cada segundo é calculado, cada ida ao banheiro torna-se um transtorno, cada conversa é um crime contra o fim autonomizado da produção. Quando se trabalha, apenas a energia abstrata pode ser gasta. A vida acontece em outro lugar, ou nem acontece, porque o ritmo do trabalho reina sobre tudo. As crianças já são adestradas pelo relógio para algum dia serem "eficientes". As férias servem apenas para a reprodução da "força de trabalho". E mesmo na hora da refeição, na festa e no amor o ponteiro dos segundos martela no cérebro.

> *'O trabalhador só se sente consigo mesmo fora do trabalho, ao passo que no trabalho se sente fora de si. Ele está em casa quando não trabalha, quando trabalha não está em casa. Seu trabalho, por isso, não é voluntário, mas constrangido, é trabalho forçado. Por isso, não é a satisfação de uma necessidade, mas apenas um meio de satisfazer necessidades exteriores a ele mesmo. A alienação do trabalho revela sua forma pura no fato de que, desde que não exista nenhuma coerção física ou outra qualquer, foge-se dele como se fosse uma peste.*
>
> Karl Marx,
> Manuscritos econômico-filosóficos,
> 1844

Na esfera do trabalho não conta *o que* se faz, mas que *o fazer* enquanto tal seja realizado, pois o trabalho é justamente um fim em si mesmo, na medida em que é o suporte da valorização do capital-dinheiro – a multiplicação ilimitada de dinheiro por si só. O trabalho é a forma de atividade desse absurdo fim em si mesmo. Só por isso, e não por razões materiais, todos os produtos são produzidos como mercadorias. Pois somente nessa forma eles representam a abstração do dinheiro, cujo conteúdo é a abstração do trabalho. Nisso consiste o mecanismo do moinho de trabalho social autonomizado, ao qual a humanidade moderna está presa.

E é justamente por isso que o conteúdo da produção é tão indiferente quanto o uso dos bens produzidos e as consequências sociais e naturais. Se casas são construídas ou se são produzidas minas explosivas, se livros são impressos, se tomates transgênicos são cultivados, se pessoas adoecem, se o ar está poluído ou se "apenas" o bom gosto vai à ruína – tudo isso não interessa. O que interessa, seja de que forma for, é que se possa transformar a mercadoria em dinheiro, e o dinheiro, em novo trabalho. Que a mercadoria exija um uso concreto, e que este seja destrutivo, é completamente sem importância para a racionalidade da economia empresarial, pois ela só considera o produto como portador de trabalho passado, de "trabalho morto".

O único "sentido" que o moderno sistema produtor de mercadorias conhece é a acumulação de "trabalho morto" como capital, representado na forma do dinheiro. "Trabalho morto"? Uma loucura metafísica! Sim, mas uma metafísica que se tornou realidade palpável, uma loucura "objetivada" que controla esta sociedade com mãos de ferro. No eterno comprar e vender, os homens não se relacionam como seres sociais conscientes, mas como autômatos sociais que apenas executam o fim em si por eles pressuposto.

6. Trabalho e capital são as duas faces da mesma moeda

A ESQUERDA POLÍTICA SEMPRE adorou o trabalho com particular fervor. Ela não só elevou o trabalho à essência do homem, mas também o mistificou como princípio pretensamente oposto ao capital. Ela não considerou o trabalho um escândalo, mas apenas a sua exploração pelo capital. Por isso, o programa de todos os "partidos operários" foi sempre "libertar o trabalho" e não "libertar-se do trabalho". Contudo, a oposição social entre capital e trabalho é apenas uma oposição, embora com graus de poder desiguais, de interesses diferenciados no interior do fim em si capitalista. A luta de classes foi a forma de execução desses interesses antagônicos no terreno social comum do sistema produtor de mercadorias. Ela fazia parte da dinâmica interna da valorização do capital. Quer se lutasse por salários, direitos, condições de trabalho ou postos de trabalho, o pressuposto cego permaneceu sempre a engrenagem dominante com seus princípios irracionais.

Do ponto de vista do trabalho, o conteúdo qualitativo da produção importa tão pouco quanto do ponto de vista do capital. O que interessa é apenas a possibilidade de vender da melhor forma a força de trabalho. Não se trata aqui da determinação comum sobre o sentido e o fim da própria atividade. Se houve algum dia a esperança de poder realizar tal autodeterminação da produção no interior das formas do sistema produtor de mercadorias, há muito tempo a "força de trabalho" abandonou essa ilusão. Hoje interessa apenas o "posto de trabalho", a "ocupação" - já esses conceitos demonstram o caráter de fim em si mesmo de todo esse empreendimento e a menoridade dos envolvidos.

No fim das contas, a sensibilidade do vendedor da mercadoria força de trabalho em relação ao produto, finalidade e consequências da produção é igual à do comprador. Os operários das usinas nucleares e da indústria química protestam a mais não poder quando se pretende desativar as suas bombas-relógio. E os "empregados" da Volkswagen, Ford e Toyota são os defensores mais fanáticos do programa suicida automobilístico. Não só porque eles são forçados a se vender para "poder" viver, mas porque se identificam de fato com essa existência mesquinha. Sociólogos, sindicalistas, párocos e outros teólogos profissionais da "questão social" consideram esse fato como uma comprovação do valor ético-moral do trabalho. O trabalho forma a personalidade, dizem eles. Com toda razão. Isto é, a personalidade de zumbis da produção de mercadorias, que não conseguem mais imaginar a vida fora da rotina diária fervorosamente amada, para a qual eles próprios se preparam todos os dias.

> *Cada vez mais o trabalho tem a boa consciência ao seu lado: a inclinação à alegria já chama a si mesma 'necessidade de descanso' e começa a ter vergonha de si. 'Fazemos isso por nossa saúde' - assim se diz quando se é surpreendido num passeio pelo campo. Sim, logo se poderá chegar ao ponto em que não mais se cederá a uma inclinação para a vita contemplativa (isto é, a passeios com pensamentos e amigos) sem autodesprezo e má consciência.*
>
> Friedrich Nietzsche, 'Ócio e Ociosidade', A Gaia Ciência, 1882

Da mesma forma que a classe operária enquanto classe operária jamais foi a contradição antagônica ao capital e o sujeito da emancipação humana, tampouco os capitalistas e gerentes dirigem a sociedade seguindo a maldade de uma vontade subjetiva de exploração. Nenhuma casta dominante viveu, em toda a história, uma vida tão miserável e dependente como os acossados executivos da Microsoft, Daimler-Chrysler ou Sony. Qualquer senhorio medieval teria desprezado profundamente essas pessoas. Pois, enquanto ele podia se dedicar ao ócio e dissipar sua riqueza de modo mais ou menos orgiástico, as elites da sociedade do trabalho não podem se permitir nenhuma pausa. Mesmo fora da rotina do trabalho eles não sabem fazer outra coisa a não ser infantilizarem-se novamente. Ócio, prazer intelectual ou gozo dos sentidos lhes são tão estranhos quanto o seu material humano. Eles próprios são servos do ídolo-trabalho, meras elites funcionais do fim em si mesmo social irracional.

O ídolo dominante sabe como impor sua vontade sem sujeito através da "coerção silenciosa" da concorrência, à qual até mesmo os poderosos devem se curvar, precisamente quando administram centenas de fábricas e movimentam somas milionárias pelo globo. Se não o fizerem, serão descartados tão impiedosamente quanto a "força de trabalho" supérflua. Mas é justamente sua menoridade que faz com que os funcionários do capital sejam tão incomensuravelmente perigosos, e não a sua vontade subjetiva de exploração. Eles são os que menos podem se perguntar pelo sentido e pelas consequências de suas atividades infatigáveis; não podem se permitir sentimentos nem considerações. Por isso eles falam de realismo enquanto devastam o mundo, desfiguram as cidades e deixam os homens empobrecerem em meio à riqueza.

7. O trabalho é dominação patriarcal

MESMO QUE A LÓGICA DO trabalho e seu processamento em matéria do dinheiro o exijam, nem todas as esferas sociais e atividades necessárias deixam-se espremer nessa esfera do tempo abstrato. Por isso, juntamente com a esfera "desvinculada" do trabalho, por assim dizer, como seu avesso, surgiu também a esfera doméstica privada, da família e da intimidade.

Nesse âmbito definido como "feminino" permanecem as numerosas e recorrentes atividades da vida cotidiana que não podem ser, ou apenas excepcionalmente, transformadas em dinheiro: da faxina à cozinha, passando pela educação das crianças e a assistência aos idosos até o "trabalho de amor" da dona de casa típica ideal, que reconstrói o seu homem trabalhador esgotado e que lhe permite "recarregar seus sentimentos". A esfera da intimidade, como avesso do trabalho, é declarada pela ideologia burguesa da família como o refúgio da "vida real" - mesmo se na realidade ela é, antes, um inferno da intimidade. Trata-se não de uma esfera de vida melhor e verdadeira, mas de uma forma de existência igualmente mesquinha e reduzida, mas em condições diferentes. Essa esfera é ela própria um produto do trabalho, cindida dele, mas só existindo em relação a ele. Sem o espaço social cindido das formas de atividade "femininas", a sociedade do trabalho nunca poderia ter funcionado. Esse espaço é seu pressuposto silencioso e, ao mesmo tempo, seu resultado específico.

> *A humanidade teve de se submeter a terríveis provações até que se formasse o eu, o caráter idêntico, determinado e viril do homem, e toda infância ainda é de certa forma a repetição disso.*
>
> Max Horkheimer & Theodor W. Adorno,
> Dialética do Esclarecimento

Isso vale também para os estereótipos de gênero que foram generalizados no decorrer do desenvolvimento do sistema produtor de mercadorias. Não é por acaso que se fortaleceu o preconceito em massa da imagem da mulher natural e impulsiva, irracional e guiada pela emoção, ao lado da imagem do homem trabalhador, produtor de cultura, racional e autocontrolado. E também não é por acaso que o autoadestramento do homem branco para as exigências insolentes do trabalho e para sua administração humana estatal foi acompanhado por uma secular e furiosa "caça às bruxas". Também a apropriação do mundo pelas ciências naturais, que surgia concomitantemente, estava contaminada já desde a raiz pelo fim em si mesmo da sociedade do trabalho e pelas atribuições de gênero. Dessa maneira, o homem branco, para poder funcionar sem atrito, expulsou de si mesmo todos os sentimentos e necessidades emocionais que, no reino do trabalho, só contam como fatores de perturbação.

No século XX, em especial nas democracias fordistas do pós-guerra, as mulheres foram cada vez mais integradas no sistema de trabalho. Mas o resultado disso foi apenas uma consciência feminina esquizoide. Pois, de um lado, o avanço das mulheres na esfera do trabalho não poderia trazer nenhuma libertação, mas apenas o mesmo ajuste ao ídolo-trabalho que aquele dos homens. Por outro lado, a estrutura de "cisão" permaneceu intacta, e assim também a esfera das atividades definidas como "femininas", fora do trabalho oficial. As mulheres foram submetidas, assim, a uma carga dupla e, ao mesmo tempo, expostas a imperativos sociais totalmente opostos. No interior da esfera do trabalho, elas ficaram até hoje, principalmente, em posições mal pagas e subalternas.

Nenhuma luta interior ao sistema por cotas e oportunidades de carreira para mulheres pode transformar seja o que for. A miserável visão burguesa de uma "compatibilidade entre profissão e família" deixa totalmente intocada a separação de esferas do sistema produtor de mercadorias, e com isso a estrutura de "cisão" de gênero. Para a maioria das mulheres, essa perspectiva é inimaginável; para a minoria "mais bem paga", ela se torna uma posição pérfida de ganhadora no *apartheid* social, na medida em que delega a funcionários mal pagos (e, "evidentemente", mulheres) as tarefas domésticas e a criação dos filhos.

Na sociedade como um todo, a sagrada esfera burguesa da assim chamada vida privada e da família é, na verdade, cada vez mais erodida e degradada porque a usurpação da sociedade do trabalho exige a pessoa inteira, o sacrifício completo, a mobilidade e a adaptação temporal total. O patriarcado não é abolido, mas passa por um asselvajamento na crise inconfessa da sociedade do trabalho. Na mesma medida em que o sistema produtor de mercadorias entra em colapso, as mulheres ficam responsáveis pela sobrevivência em todos os níveis, enquanto o mundo "masculino" prolonga de modo simulado as categorias da sociedade do trabalho.

8. O trabalho é a atividade da menoridade

NÃO SÓ DE FATO, MAS TAMBÉM conceitualmente demonstra-se a identidade entre trabalho e menoridade. Até poucos séculos atrás, os homens tinham consciência do vínculo entre trabalho e coerção social. Na maioria das línguas europeias, o termo "trabalho" refere-se originalmente apenas à atividade de homens menores, dependentes, servos ou escravos. No espaço linguístico germânico, a palavra *Arbeit* indica a fadiga de uma criança órfã e, por isso, caída na servidão. No latim, *laborare* significava algo como o "cambalear do corpo sob uma carga pesada", e em geral é usado para designar o sofrimento e o mau trato do escravo. As palavras latinas *travail, trabajo* etc. derivam do latim *tripalium,* uma espécie de jugo utilizado para a tortura e o castigo de escravos e outros não livres. Na expressão idiomática alemã "jugo do trabalho" (*Joch der Arbeit*) ainda ecoa esse sentido.

Portanto, também na origem etimológica, "trabalho" não é sinônimo de atividade humana autodeterminada, mas remete a um destino social infeliz. É a atividade daqueles que perderam sua liberdade. A ampliação do trabalho a todos os membros da sociedade é, por isso, nada mais que a generalização da dependência servil, e sua adoração moderna consiste apenas na elevação quase religiosa dessa condição.

Esse vínculo pôde ser recalcado com êxito e a imposição social interiorizada, pois a generalização do trabalho foi acompanhada pela sua "objetivação" por meio do moderno sistema produtor de mercadorias: a maioria dos homens já não está sob o chicote de um senhor pessoal. A dependência social tornou-se um contexto sistêmico abstrato e, justamente por isso, total. Ela pode ser sentida em todos os lugares, mas por isso mesmo quase não é palpável. Se cada um se tornou servo, tornou-se ao mesmo tempo senhor - o seu próprio traficante de escravo e feitor. E todos obedecem ao ídolo invisível do sistema, o "Grande Irmão" da valorização do capital, que os mandou para o "tripalium".

9. A história sangrenta da imposição do trabalho

A HISTÓRIA DA MODERNIDADE é a história da imposição do trabalho que deixou seu rastro amplo de devastação e horror em todo o planeta. Nem sempre a imposição de desperdiçar a maior parte da energia vital para um fim em si mesmo externamente determinado foi tão internalizada como hoje. Foram necessários vários séculos de violência aberta em grande escala para literalmente torturar os homens, a fim de colocá-los incondicionalmente a serviço do ídolo-trabalho.

No começo, não houve a suposta ampliação das relações de mercado com "crescimento do bem-estar", mas sim a insaciável fome de dinheiro dos aparelhos do Estado absolutista, para financiar as primeiras máquinas militares modernas. Só por meio do interesse desses aparelhos, que pela primeira vez na história sufocaram burocraticamente toda a sociedade, acelerou-se o desenvolvimento do capital mercantil e financeiro urbano, ultrapassando as relações comerciais tradicionais. Somente dessa maneira o dinheiro tomou-se o motivo social central, e a abstração do trabalho, uma exigência social central, sem consideração pelas necessidades.

> *O bárbaro é preguiçoso e diferencia-se do homem culto na medida em que fica mergulhado em seu embrutecimento, pois a formação prática consiste justamente no hábito e na necessidade de ocupação.*
>
> Georg W. F. Hegel, Princípios da Filosofia do Direito, 1821

Não foi voluntariamente que a maioria dos homens passou a produzir para mercados anônimos e, assim, para uma economia monetária generalizada, mas antes porque a fome absolutista por dinheiro monetarizou os impostos e, ao mesmo tempo, aumentou-os de forma exorbitante. Eles precisavam "ganhar dinheiro" não para si mesmos, mas para o Estado protomoderno militarizado das armas de fogo, sua logística e sua burocracia. Dessa e não de outra forma, nasceu o absurdo fim em si mesmo da valorização do capital, e, com isso, o do trabalho.

Não demorou para que os impostos monetários e as taxas não fossem mais suficientes. Os burocratas absolutistas e os administradores do capital financeiro começaram a organizar os homens, diretamente e à força, como material para a máquina social de transformação do trabalho em dinheiro. O modo tradicional de vida e de existência da população foi destruído; não porque essa população estivesse se "desenvolvendo" voluntariamente e de maneira autodeterminada, mas porque ela precisava servir como material humano da máquina de valorização já acionada. Os homens foram expulsos de suas roças pela força das armas para dar lugar à criação de ovinos para as manufaturas de lã. Direitos antigos, como a liberdade de caça, de pesca e de coleta de lenha nas florestas, foram abolidos. E quando as massas pauperizadas perambularam mendigando e roubando pelo território, foram internadas em casas de trabalho ou manufaturas e maltratadas com máquinas de tortura de trabalho para que adquirissem a pauladas uma consciência de escravos, até se tornarem dóceis animais de trabalho.

Mas essa transformação gradual de seus súditos em material do ídolo-trabalho fazedor de dinheiro também não foi suficiente para os monstruosos Estados absolutistas. Eles estenderam suas pretensões também a outros continentes. A colonização interna da Europa foi acompanhada pela colonização externa, primeiro nas duas Américas e em partes da África. Ali, os feitores do trabalho perderam definitivamente seus pudores. Em campanhas militares de roubo, destruição e extermínio sem precedentes, eles assaltaram os mundos recentemente "descobertos" – afinal, as vítimas nem sequer eram consideradas seres humanos. Em sua aurora, o poder europeu canibalesco da sociedade do trabalho definiu as culturas estrangeiras subjugadas como "selvagens" e... canibais.

Com isso, foi criada a lei de legitimação para eliminá-los ou escravizá-los aos milhões. A escravidão em sentido literal, que nas economias coloniais de *plantation* de matérias-primas ultrapassou em dimensões a escravidão antiga, é um dos crimes fundadores do sistema produtor de mercadorias. Aqui, pela primeira vez, funcionou em grande escala o "extermínio pelo trabalho". Essa foi a segunda fundação da sociedade do trabalho. Com os "selvagens", o homem branco, que já era marcado pelo autodisciplinamento, podia liberar o ódio reprimido de si mesmo e seu complexo de inferioridade.

Tal como as "mulheres", eles foram considerados semisseres quase naturais e primitivos, entre o homem e o animal. Immanuel Kant era incisivo ao supor que babuínos poderiam falar se assim o desejassem; só não falavam porque temiam o recrutamento para o trabalho.

Esse raciocínio grotesco joga uma luz reveladora sobre o Iluminismo. O moderno *ethos* repressivo do trabalho, que se baseou, em sua versão protestante original, na misericórdia divina e, a partir do Iluminismo, na lei natural, foi mascarado como "missão civilizatória". Cultura, nesse sentido, é submissão voluntária ao trabalho; e trabalho é masculino, branco e "ocidental". O contrário, o não-humano, a natureza informe e sem cultura, é feminino, de cor e "exótico", portanto, a ser colocado sob coerção. Numa palavra: o "universalismo" da sociedade do trabalho já é totalmente racista desde sua raiz. A abstração universal do trabalho só pode se autodefinir pela demarcação de tudo o que não se desdobra nele.

No fim das contas, os herdeiros do absolutismo não foram os pacíficos comerciantes das antigas rotas mercantis, de onde emergiu a burguesia moderna; foram antes os *condottieri* dos bandos mercenários do início da modernidade, os administradores das casas de trabalho e de correção, os arrendatários da coleta de impostos, os feitores de escravos e outros escroques que formaram, em termos sociais, o solo fértil para o "espírito empresarial" moderno. As revoluções burguesas do século XVIII e XIX não tiveram nada a ver com a emancipação social; elas apenas reorganizaram as relações de poder dentro do sistema de coerção emergente, separaram as instituições da sociedade do trabalho dos interesses dinásticos ultrapassados e impulsionaram a sua coisificação e despersonalização. Foi a gloriosa Revolução Francesa que, com *pathos* específico, declarou o dever ao trabalho e introduziu novas prisões de trabalho, com uma "lei de erradicação da mendicância".

Isso foi exatamente o contrário daquilo que pretendiam os movimentos sociais rebeldes que eclodiram à margem das revoluções burguesas sem que fossem absorvidos por elas. Já muito antes, houve formas autônomas de resistência e de recusa, sobre as quais a historiografia oficial da sociedade do trabalho e da modernização não tem nada a dizer. Os produtores das antigas sociedades agrárias, que nunca aceitaram inteiramente e sem atritos as relações de dominação feudais, estavam ainda menos dispostos a aceitar resignados a sua conversão em "classe operária" de um contexto sistêmico que lhes era exterior. Das guerras camponesas do século XV e XVI, até os levantes posteriormente denunciados como "destruidores de máquinas" e a revolta dos tecelões da Silésia de 1844, estende-se uma única cadeia de lutas encarniçadas de resistência contra o trabalho. Durante séculos, a imposição da sociedade do trabalho e a guerra civil às vezes aberta, às vezes latente, foram uma e a mesma coisa.

> *No fundo, sente-se agora (...) que um tal trabalho é a melhor polícia, pois controla todo mundo e sabe impedir vigorosamente o desenvolvimento da razão, da voluptuosidade e do desejo de independência. Pois ele faz despender extraordinariamente muita força de nervos, afastando esta força da reflexão, da meditação, da inquietação, do sonhar, do amar e do odiar.*
>
> Friedrich Nietzsche,
> 'Os Apologistas do Trabalho, 1881

As antigas sociedades agrárias eram tudo menos paradisíacas. Mas a tremenda coerção da irruptiva sociedade do trabalho foi vivida pela maioria apenas como deterioração da existência e como "tempo de desespero". Com efeito, apesar da estreiteza das relações, os homens ainda tinham algo a perder. O que aparece na falsa consciência do mundo moderno como uma inventada Idade Média de escuridão e praga são, na realidade, os horrores de sua própria história. Nas culturas pré e não capitalistas, dentro e fora da Europa, o tempo de atividade de produção diária ou anual era muito mais reduzido do que hoje, para os "empregados" modernos em fábricas e escritórios. E aquela produção estava longe de ser intensificada como na sociedade do trabalho, pois estava permeada por uma nítida cultura de ócio e de "lentidão" relativa. Excetuando-se catástrofes naturais, as necessidades básicas materiais estavam mais bem asseguradas do que em longos períodos da modernização, e também do que nas favelas de horror do atual mundo em crise. Mesmo a dominação jamais foi tão profunda como na sociedade do trabalho transversalmente burocratizada.

Por isso, a resistência contra o trabalho só poderia ser quebrada militarmente. Até hoje, os ideólogos da sociedade do trabalho dissimulam o fato de que a cultura dos produtores pré-modernos não foi "desenvolvida", mas afogada em seu próprio sangue. Hoje, os calmos democratas do trabalho preferem culpar as "condições pré-democráticas" por essas monstruosidades de um passado com o qual eles não teriam mais nada a ver. Eles não querem admitir que a pré-história terrorista da modernidade revela também a essência da atual sociedade do trabalho. A administração burocrática do trabalho e a integração estatal dos homens nas democracias industriais nunca puderam negar suas origens absolutistas e coloniais. A administração repressiva dos homens cresceu ainda mais em nome do ídolo-trabalho e penetrou em todas as esferas da vida, na forma de uma objetivação em um vínculo sistêmico impessoal,

Precisamente hoje, na agonia do trabalho, torna-se palpável mais uma vez a mão de ferro burocrática, como nos primórdios da sociedade do trabalho. A administração do trabalho revela-se como o sistema de coerção que sempre fora, ao organizar o *apartheid* social e tentar, em vão, banir a crise por meio da escravidão democrática estatal. De modo semelhante, o espírito colonial regressa na administração econômica coercitiva, por parte do Fundo Monetário Internacional, dos países da periferia já arruinados. Após a morte de seu ídolo, a sociedade do trabalho lembra novamente, em todos os aspectos, os métodos de seus crimes fundadores, que, mesmo assim, não podem salvá-la.

10. O movimento operário foi um movimento a favor do trabalho

O MOVIMENTO OPERÁRIO CLÁSSICO, que viveu a sua ascensão somente muito tempo depois do declínio das antigas revoltas sociais, não lutou mais contra a imposição do trabalho, mas desenvolveu na verdade uma hiperidentificação com o aparentemente inevitável. Preocupou-se apenas com "direitos" e melhoramentos no interior da sociedade do trabalho, cujas coerções já tinha amplamente interiorizado. Em vez de criticar radicalmente a transformação de energia humana em dinheiro como fim em si irracional, ele mesmo assumiu "o ponto de vista do trabalho" e compreendeu a valorização como um fato positivo e neutro.

Assim, o movimento operário assumiu, à sua maneira, a herança do absolutismo, do protestantismo e do Iluminismo burguês. O infortúnio do trabalho tornou-se orgulho falso do trabalho, no qual foi redefinida em termos de "direito do homem" a própria domesticação como material humano do ídolo moderno. Os hilotas domesticados do trabalho, por assim dizer, viraram ideologicamente a mesa e desenvolveram um zelo missionário para, de um lado, reclamar o "direito ao trabalho" e, de outro, reivindicar o "dever de trabalho para todos". A burguesia não foi combatida como portadora funcional da sociedade do trabalho, mas, ao contrário, foi difamada como parasitária precisamente em nome do trabalho. Todos os membros da sociedade, sem exceção, deveriam ser recrutados à força para os "exércitos de trabalho".

O próprio movimento operário tornou-se, assim, o marca-passo da sociedade do trabalho capitalista. Foi ele que, contra os mesquinhos portadores funcionais burgueses do século XIX e do início do século XX, impôs os últimos estágios da objetivação no processo de desenvolvimento do trabalho – tal como a burguesia fora herdeira do absolutismo um século antes. Isso só foi possível porque os partidos operários e sindicatos, no decurso da sua idolatria do trabalho, também se referiram positivamente ao aparelho de Estado e às instituições da administração repressiva do trabalho, que eles não quiseram suprimir mas ocupar numa espécie de "marcha através das instituições". Desse modo assumiram, como antes a burguesia, a tradição burocrática, que remonta ao absolutismo, da administração dos homens na sociedade do trabalho.

A ideologia de uma generalização social do trabalho, no entanto, exigia também uma nova relação política. Na sociedade do trabalho apenas parcialmente estabelecida, a igualdade democrática geral do "Estado de trabalho" consumado devia ocupar o lugar da divisão de estamentos com "direitos" políticos diferenciados (por exemplo, direito eleitoral censitário). E as disparidades no percurso da máquina de valorização, assim que esta passou a determinar toda a vida social, precisavam ser compensadas pelo "Estado Social". Também aqui o movimento operário foi o paradigma. Sob o nome de "socialdemocracia", ele tornar-se-ia o maior "movimento civil" na história que, todavia, não poderia senão cavar sua própria cova. Pois na democracia tudo se torna negociável, menos as coerções da sociedade do trabalho, que são axiomaticamente pressupostas. O que pode ser debatido são apenas as modalidades e formas de desenvolvimento dessas coerções; há sempre apenas a escolha entre Orno e Minerva, entre a peste e a cólera, entre o descaramento e a estupidez, entre Kohl e Schröder.

A democracia da sociedade do trabalho é o sistema de dominação mais pérfido da história - um sistema de auto-opressão. Por isso tal democracia nunca organiza a livre autodeterminação dos membros da sociedade sobre os recursos coletivos, mas sempre apenas a forma jurídica das mônadas de trabalho socialmente separadas entre si, que devem arriscar sua pele competitivamente no mercado de trabalho. Democracia é o oposto de liberdade. E, assim, os seres humanos do trabalho democrático dividem-se, necessariamente, em administradores e administrados, empresários e empreendidos, elites funcionais e material humano. Os partidos políticos, em particular os partidos operários, refletem fielmente essa relação na sua própria estrutura. Líder e liderados, celebridades e ralé, militantes e simpatizantes remetem a uma relação que não tem nada a ver com um debate aberto e tomadas de decisão. Faz parte dessa lógica sistêmica que as próprias elites só possam ser funcionárias dependentes do ídolo-trabalho e de suas orientações cegas.

> *O trabalho deve conduzir o cetro, Servo deve ser apenas quem no ócio permanecer, O trabalho deve governar o mundo, Pois, é através dele que existe o mundo.*
>
> Friedrich Stampfer, A honra do trabalho, 1903

O mais tardar, desde o nazismo, todos os partidos são partidos operários e, ao mesmo tempo, partidos do capital. Nas "sociedades em desenvolvimento" do Leste e do Sul, o movimento operário transformou-se em partido de terrorismo estatal da modernização retardatária; no Ocidente, num sistema de "partidos populares" com programas facilmente substituíveis e figuras representativas na mídia. A luta de classes está acabada porque a sociedade do trabalho chegou ao fim. As classes revelam-se categorias sociais funcionais de um mesmo sistema fetichista, na mesma medida em que esse sistema morre. Quando a socialdemocracia, os verdes e ex-comunistas destacam-se na administração da crise desenvolvendo programas de repressão especialmente infames, eles apenas se revelam os legítimos herdeiros do movimento operário, que jamais quis algo além de trabalho a qualquer preço.

11. A crise do trabalho

APÓS A SEGUNDA GUERRA MUNDIAL, por um curto momento histórico podia parecer que a sociedade do trabalho nas indústrias fordistas tinha se consolidado num sistema de "prosperidade eterna", no qual o consumo de massas e o Estado Social teriam pacificado permanentemente o caráter insuportável do fim em si coercitivo. Apesar de essa noção sempre ter sido uma ideia democrática de hilotas, que se referia apenas a uma pequena minoria da população mundial, também nos centros ela teve de se tornar ridícula. Com a Terceira Revolução Industrial da microeletrônica, a sociedade mundial do trabalho alcança sua barreira histórica absoluta.

Era logicamente previsível que, mais cedo ou mais tarde, esse limite seria alcançado. Pois o sistema produtor de mercadorias sofre, desde seu nascimento, de uma autocontradição incurável. De um lado, ele vive de sugar na sua maquinaria a maior quantidade possível de energia humana em massa através do dispêndio de força de trabalho. De outro lado, contudo, a lei da concorrência empresarial impõe um aumento de produtividade, no qual a força de trabalho humana é substituída por capital físico cientificizado.

> *O princípio moral básico é o direito do homem ao seu trabalho (...) A meu ver não há nada mais detestável que uma vida ociosa. Nenhum de nós tem direito a isso. A civilização não tem lugar para ociosos*
>
> Henry Ford

Essa autocontradição já foi a causa profunda de todas as crises anteriores, entre elas a desastrosa crise econômica mundial de 1929-33. Porém, essas crises puderam ser repetidamente superadas por um mecanismo de compensação: nos níveis cada vez mais elevados de produtividade, após um certo tempo de incubação e através da ampliação de mercados que integrou novas camadas de consumidores, foi absorvido em termos absolutos mais trabalho do que aquele anteriormente racionalizado. Reduziu-se o dispêndio de força de trabalho por produto, mas foram produzidos em termos absolutos mais produtos, de modo que a redução pôde ser supercompensada.

Enquanto as inovações de produtos superaram as inovações de processos, a autocontradição do sistema pôde ser traduzida em um movimento de expansão.

O exemplo histórico mais notável é o automóvel: através da esteira e outras técnicas de racionalização da "ciência do trabalho" (primeiramente na fábrica de Henry Ford, em Detroit), reduziu-se o tempo de trabalho para cada automóvel a uma mera fração. Simultaneamente, o trabalho foi imensamente condensado, isto é, em um mesmo período multiplicou-se a absorção do material humano. Principalmente o automóvel, até então um produto de luxo para uma pequena elite, pôde ser incluído no consumo de massa em consequência do barateamento.

Dessa maneira, apesar da racionalização da produção em série na Segunda Revolução Industrial do "fordismo", a fome insaciável do ídolo-trabalho por energia humana foi saciada em um nível mais elevado. Ao mesmo tempo, o automóvel é um exemplo central do caráter destrutivo do modo de produção e consumo da sociedade do trabalho altamente desenvolvida. No interesse da produção em massa de automóveis e do transporte individual em massa, a paisagem é asfaltada e se torna feia, o meio ambiente é contaminado, e se aceita resignadamente que nas estradas mundiais, ano após ano, a terceira guerra mundial não declarada solte a sua fúria com milhões de mortos e mutilados.

> *O próprio capital é a contradição em processo, pois tende a reduzir o tempo de trabalho a um mínimo, enquanto põe, por outro lado, o tempo de trabalho como única medida e fonte de riqueza. (...) Assim, por um lado, traz à vida todos os poderes da ciência e da natureza, assim como da combinação e do intercâmbio social para fazer com que a criação da riqueza seja (relativamente) independente do tempo de trabalho empregado nela. Por outro lado, pretende medir essas gigantescas forças sociais assim criadas pelo tempo de trabalho e contê-las nos limites exigidos para manter como valor o valor já criado.*
>
> Karl Marx,
> Grundrisse, 1857/58

Na Terceira Revolução Industrial da microeletrônica caduca o mecanismo até então vigente de compensação pela expansão. Claro que a microeletrônica também barateia muitos produtos e cria produtos novos (principalmente na esfera da mídia). Mas, pela primeira vez, a velocidade de inovação do processo ultrapassa a velocidade de inovação do produto. Pela primeira vez, mais trabalho é racionalizado do que aquele que pode ser reabsorvido pela expansão dos mercados. Na continuação lógica da racionalização, a robótica eletrônica substitui a energia humana, ou as novas tecnologias de comunicação tornam o trabalho supérfluo. Setores inteiros da construção, da produção, do marketing, do armazenamento, da distribuição e mesmo do gerenciamento estão quebrando. Pela primeira vez o ídolo-trabalho impõe-se involuntariamente um racionamento de fome permanente. Ele provoca, assim, sua própria morte.

Uma vez que a sociedade democrática do trabalho é um sistema maduro e retroalimentado do fim em si mesmo, não é possível no interior das suas formas uma virada em direção a uma redução geral da jornada de trabalho. A racionalidade empresarial exige que, por um lado, massas cada vez maiores fiquem "desempregadas" permanentemente e, portanto, que suas vidas sejam cortadas da reprodução imanente ao sistema; de outro lado, que o número cada vez menor de "ocupados" seja submetido a uma corrida cada vez maior por trabalho e desempenho. Em meio à riqueza, voltam a pobreza e a fome até mesmo nos centros capitalistas, meios de produção e áreas agrícolas intactos ficam massivamente em "pousio"; habitações e prédios públicos ficam massivamente vazios, enquanto o número dos sem-teto cresce sem parar.

O capitalismo torna-se um evento global para minorias. Em seu desespero, o agonizante ídolo-trabalho canibaliza a si mesmo. Em busca de sobras para alimentar o trabalho, o capital dinamita os limites da economia nacional e se globaliza numa concorrência nômade de deslocalização. Regiões inteiras do mundo são cortadas dos fluxos globais de capital e mercadorias. Numa inédita onda de fusões e "integrações não amistosas", os trustes se preparam para a última batalha da economia empresarial. Os Estados e nações desorganizados implodem, as populações, empurradas para a loucura na concorrência pela sobrevivência, se atiram uns sobre os outros em guerras de bandos étnicos.

12. O fim da política

A CRISE DO TRABALHO implica necessariamente a crise do Estado e, portanto, da política. Por princípio, o Estado moderno deve a sua carreira ao fato de que o sistema produtor de mercadorias necessita de uma instância superior que lhe garanta, no quadro da concorrência, os fundamentos jurídicos gerais e os pressupostos da valorização - incluindo um aparelho de repressão para o caso de o material humano insubordinar-se contra o sistema. Na sua forma amadurecida de democracia de massa, o Estado no século XX teve de assumir cada vez mais tarefas socioeconômicas: isso inclui não só a rede social, mas também a saúde, a educação, a rede de transporte e de comunicação e todos os tipos de infraestruturas indispensáveis ao funcionamento da sociedade do trabalho industrial desenvolvida, mas que não podem ser elas próprias organizadas como processo de valorização econômico-empresarial. Isso porque as infraestruturas devem estar permanentemente e de modo abrangente à disposição no âmbito da sociedade como um todo. Portanto, não podem acompanhar os ciclos de oferta e demanda do mercado.

Mas como o Estado não é uma unidade de valorização autônoma e, portanto, não pode ele próprio transformar trabalho em dinheiro, ele precisa retirar dinheiro do processo real de valorização para financiar suas tarefas. Esgotada a valorização esgotam-se também as finanças do Estado. O suposto soberano social revela-se afinal totalmente dependente da economia cega e "fetichizada" da sociedade do trabalho. Ele pode legislar o quanto quiser; quando as forças produtivas ultrapassam o sistema de trabalho, o direito estatal positivo, que se refere apenas a sujeitos do trabalho, cai no vazio.

Com o crescente desemprego em massa, secam as rendas estatais provenientes dos impostos sobre os rendimentos do trabalho. As redes sociais se rompem logo que se alcança uma massa crítica de "supérfluos", que apenas podem ser alimentados de modo capitalista por meio da redistribuição de outros rendimentos monetários. Na crise, com o processo acelerado de concentração do capital, que ultrapassa as fronteiras das economias nacionais, desaparecem também as receitas estatais provenientes dos impostos sobre os lucros das empresas. As corporações transnacionais obrigam os Estados que concorrem por investimentos a fazer dumping fiscal, social e ecológico.

É precisamente esse desenvolvimento que transforma o Estado democrático em um mero administrador de crises. Quanto mais ele se aproxima do estado de emergência financeira, tanto mais se reduz ao seu núcleo repressivo. As infraestruturas reduzem-se às necessidades do capital transnacional. Como antigamente nos territórios coloniais, a logística social está cada vez mais limitada a alguns centros econômicos, enquanto o resto fica abandonado. O que pode ser privatizado é privatizado, mesmo que cada vez mais pessoas fiquem excluídas dos serviços de abastecimento mais elementares. Quando a valorização do capital se concentra em um número cada vez mais reduzido de ilhas do mercado mundial, deixa de ter importância o abastecimento abrangente da população.

Enquanto não atinge esferas imediatamente relevantes para a economia, não interessa se os trens circulam ou se as cartas chegam. A educação torna-se um privilégio dos vencedores da globalização. A cultura intelectual, artística e teórica é remetida aos critérios de mercado e esmorece. A saúde torna-se infinanciável e se divide em um sistema de classificação. Primeiro devagar e furtivamente, depois abertamente, aplica-se a lei da eutanásia social: porque és pobre e “supérfluo”, deves morrer mais cedo.

Ainda que todos os conhecimentos, habilidades e meios da medicina, educação e cultura, bem como das infraestruturas gerais se encontrem abundantemente à disposição, são trancados a sete chaves, desmobilizados e desmantelados de acordo com a lei irracional da sociedade do trabalho, que foi objetivada como “restrição financeira” - a exemplo dos meios de produção industriais e agrários que não são mais considerados rentáveis.

O Estado democrático, transformado em um sistema de *apartheid*, não tem mais nada a oferecer aos seus ex-cidadãos do trabalho além da simulação repressiva do trabalho através de formas de trabalho forçado e barato e do desmantelamento de todos os benefícios. Em um estágio mais avançado, a administração estatal como um todo desmorona. O aparelho de Estado asselvaja-se em cleptocracia corrupta; os militares, em bandos armados mafiosos; a polícia, em assaltante de estradas.

Não há política no mundo que possa parar ou mesmo reverter tal desenvolvimento. Pois a política é em sua essência uma ação que se refere ao Estado, que fica sem objeto sob as condições de desestatização. A fórmula democrática de esquerda da "organização política" das relações torna-se, dia após dia, cada vez mais ridícula. Fora a repressão sem fim, a destruição da civilização e o auxílio ao "terror da economia", não há mais nada a "organizar". Como o fim em si mesmo da sociedade do trabalho é o pressuposto axiomático da democracia política, não pode haver nenhuma regulação política democrática para a crise do trabalho. O fim do trabalho torna-se o fim da política.

13. A simulação da sociedade do trabalho pelo capitalismo de cassino

A CONSCIÊNCIA SOCIAL DOMINANTE mente sistematicamente para si mesma sobre a verdadeira situação da sociedade do trabalho. As regiões de colapso são ideologicamente excomungadas, as estatísticas do mercado de trabalho são descaradamente falsificadas, as formas de pauperização são dissimuladas pela mídia. Simulação é, afinal, a característica central do capitalismo de crise. Isso vale também para a própria economia. Se até agora parecia, pelo menos nos países centrais ocidentais, que a acumulação de capital poderia acontecer mesmo sem trabalho, e que a forma pura do dinheiro sem substância poderia garantir a contínua valorização do valor, essa aparência deve-se a um processo de simulação nos mercados financeiros. Como um reflexo da simulação do trabalho através de medidas coercitivas da administração democrática do trabalho, formou-se uma simulação da valorização do capital por meio da desconexão especulativa do sistema creditício e dos mercados acionários relativamente à economia real.

A utilização de trabalho presente é substituída pelo acesso à utilização de trabalho futuro, que jamais se realizará. Trata-se, de certo modo, da acumulação de capital em um fictício "futuro perfeito". O capital-dinheiro, que não pode mais ser reinvestido de forma rentável na economia real e que, por isso, não pode absorver mais trabalho, precisa se desviar cada vez mais para os mercados financeiros.

Já o impulso fordista da valorização, nos tempos do "milagre econômico" após a Segunda Guerra Mundial, não foi totalmente autossustentado. Muito além de suas receitas fiscais, o Estado tomou crédito em quantidades até então desconhecidas, pois as condições estruturais da sociedade do trabalho não eram mais financiáveis de outra maneira. O Estado penhorou todas as suas receitas reais futuras. Dessa maneira, surgiu, de um lado, a possibilidade de investimento capitalista financeiro para o capital-dinheiro "excedente" - emprestava-se ao Estado com juros. O Estado pagava os juros com novos empréstimos e reenviava o dinheiro emprestado imediatamente para o circuito econômico. De outro lado, ele financiava então os custos sociais e os investimentos de infraestrutura, criando uma demanda artificial no sentido capitalista, pois não havia qualquer cobertura de dispêndio produtivo de trabalho. Assim o *boom* fordista foi prolongado além de seu próprio alcance, à medida que a sociedade do trabalho sugava o seu próprio futuro.

Esse momento de simulação do aparentemente ainda intacto processo de valorização alcançou seus limites junto com o endividamento estatal. Não só no Terceiro Mundo, mas também nos centros, as "crises da dívida" dos Estados não permitiram mais a expansão por tais meios. Esse foi o fundamento objetivo para a caminhada vitoriosa da desregulação neoliberal que, conforme sua ideologia, seria acompanhada de uma redução drástica da cota estatal do produto social. Na realidade, a desregulamentação e a redução das obrigações do Estado são compensadas pelos custos da crise, inclusive na forma de custos estatais de repressão e simulação. Em muitos países, a cota estatal até aumenta.

Mas a acumulação subsequente do capital não pôde mais ser simulada através do endividamento estatal. É por isso que, desde os anos 1980, a criação adicional de capital fictício foi transferida para os mercados de ações. Há muito que não se trata mais de dividendos, da participação nos ganhos da produção real, mas antes, de ganhos de cotação por aumento especulativo em escala astronômica do valor dos títulos de propriedade. A relação entre a economia real e o movimento especulativo do mercado financeiro foi virada de cabeça para baixo. O aumento especulativo dos preços não antecipa mais a expansão da economia real, mas, ao contrário, é a alta da criação fictícia de valor que simula uma acumulação real que já não existe.

O ídolo-trabalho está clinicamente morto, mas recebe respiração artificial por meio da expansão aparentemente autonomizada dos mercados financeiros. As empresas industriais obtêm ganhos que não resultam mais da produção e da venda de produtos reais, que há muito já se tornaram um negócio deficitário, mas da participação feita por um departamento financeiro "hábil" na especulação com ações e divisas. Os orçamentos públicos demonstram entradas que não resultam de impostos ou tomadas de créditos e sim da ávida participação da administração financeira na jogatinha dos mercados. E os orçamentos privados, nos quais as entradas reais de salários e ordenados reduziram-se dramaticamente, conseguem manter ainda um consumo elevado graças a empréstimos com base em ganhos acionários. Cria-se, assim, uma nova forma de demanda artificial que, por sua vez, resultando em produção real e receita estatal real "sem chão sob os pés".

Dessa maneira, a crise econômica mundial está sendo adiada pelo processo especulativo. Mas como o aumento fictício do valor dos títulos de propriedade só pode ser a antecipação da utilização, que já não acontecerá, do dispêndio de trabalho real futuro (numa escala astronômica correspondente) o embuste objetivado tem de ser desmascarado após certo tempo de incubação. O colapso dos *mercados emergentes* na Ásia, na América Latina e no Leste Europeu foi apenas uma primeira amostra. É somente uma questão de tempo para que entrem em colapso os mercados financeiros dos centros capitalistas dos Estados Unidos, da União Europeia e do Japão.

> *Tão logo o trabalho, na sua forma imediata, tiver deixado de ser a grande fonte de riqueza, o tempo de trabalho deixa e tem de deixar de ser a sua medida, e, por isso, o valor de troca também deixa de ser a medida do valor de uso. (...) Em virtude disso; a produção fundada no valor de troca desmorona e o próprio processo de produção material imediato se despoja da forma do carecimento e do antagonismo.*
>
> Karl Marx, Grundrisse, 1857/58

Esse contexto é percebido de uma forma totalmente distorcida pela consciência fetichista da sociedade do trabalho e, principalmente, pela dos "críticos do capitalismo" convencionais da esquerda e da direita. Fixados no fantasma do trabalho, enobrecido enquanto condição existencial supra-histórica e positiva, eles confundem, sistematicamente, causa e efeito. O adiamento temporário da crise por meio da expansão especulativa dos mercados financeiros aparece, assim, de forma invertida, como suposta causa da crise. Os "especuladores malvados", afirma-se mais ou menos em pânico, arruinariam a bela sociedade do trabalho ao esbanjarem o "dinheiro bom" que "existiria de sobra", em vez de investirem de modo sólido e honesto em maravilhosos "postos de trabalho", a fim de que uma humanidade de hilotas louca por trabalho possa continuar "plenamente empregada".

Simplesmente não entra de modo algum nessas cabeças que a especulação não faz cessar os investimentos reais, pois estes já se tornaram não rentáveis em decorrência da Terceira Revolução Industrial e que a ascensão especulativa só pode ser um sintoma disso. O dinheiro que circula em quantidades aparentemente infinitas já não é, mesmo no sentido capitalista, um "dinheiro bom", mas apenas "ar quente" com o qual a bolha especulativa foi inflada. Toda tentativa de drenar essa bolha, por meio de projetos de tributação de qualquer tipo (imposto Tobin etc.), para redirigir o capital-dinheiro novamente até os moinhos humanos pretensamente "corretos" e reais da sociedade do trabalho, só pode acelerar o seu estouro.

Em vez de compreenderem que nós todos nos tornaremos inexoravelmente não rentáveis, e que, por isso, o próprio critério da rentabilidade, junto com os seus fundamentos ancorados na sociedade do trabalho, precisam ser atacados como obsoletos, eles preferem demonizar os "especuladores" - essa imagem barata de inimigo é cultivada em uníssono por radicais de direita e autonomistas, sindicalistas conservadores e nostálgicos keynesianos, teólogos sociais e apresentadores da mídia, enfim, todos os apóstolos do "trabalho honesto". Poucos estão conscientes de que entre isso e a reativação da loucura antissemita há apenas um pequeno passo. O apelo ao capital real "produtivo" e "de sangue nacional" contra o capital-dinheiro "judaico", internacional e "usurário" ameaça ser a última palavra da esquerda dos postos de trabalho, intelectualmente desorientada. Já é, evidentemente, a última palavra da direita dos postos de trabalho, desde sempre racista, antissemita e antiamericana.

14. O trabalho não se deixa redefinir

APÓS SÉCULOS DE ADESTRAMENTO, o homem moderno simplesmente não consegue imaginar uma vida além do trabalho. Como princípio imperial, o trabalho domina não só a esfera da economia no sentido estrito, mas permeia toda a existência social até os poros do cotidiano e da existência privada. O "tempo livre", que é literalmente um conceito prisional, serve há tempos para "recondicionar" mercadorias e para garantir as vendas necessárias.

Mas, mesmo além do dever interiorizado do consumo de mercadorias como fim em si mesmo, a sombra do trabalho projeta-se também fora do escritório e da fábrica sobre o indivíduo moderno. Assim que se levanta da poltrona da TV e torna-se ativo, cada feito se transforma imediatamente em algo similar ao trabalho. O *jogger* substitui o relógio de ponto pelo cronômetro, os moinhos humanos têm seu renascimento pós-moderno nas academias reluzentes e as pessoas em férias fazem tantos e tantos quilômetros como se precisassem alcançar a cota anual de um caminhoneiro. E mesmo o trepar se orienta pelos padrões ISO da pesquisa sexual e pelos padrões de concorrência das fanfarronices dos *talk shows*.

Se o rei Midas ainda vivenciava como maldição o fato de que tudo em que tocava virava ouro, o seu companheiro de sofrimento moderno já ultrapassou esse estado. O homem do trabalho nem nota mais que, pela adaptação ao padrão do trabalho, cada atividade perde sua qualidade sensível específica e toma-se indiferente. Ao contrário: é somente por meio dessa adaptação à indiferença do mundo da mercadoria que ele dá sentido, razão de existência e significado social a uma atividade. O sujeito do trabalho não sabe o que fazer com um sentimento como o luto; todavia, a transformação do luto em "trabalho de luto" faz desse corpo emocional estranho uma grandeza conhecida sobre a qual se pode trocar com seus semelhantes. Até mesmo o sonhar desrealiza-se e se torna indiferenciado no "trabalho de sonho", o conflito com a pessoa amada no "trabalho de relacionamento" e o lidar com crianças no "trabalho de educação". Sempre que o homem moderno quer insistir na "seriedade" de seus atos, tem na ponta da língua a palavra "trabalho".

O imperialismo do trabalho tem seus reflexos, assim, na linguagem cotidiana. Não só temos o hábito de inflacionar a palavra "trabalho", mas inclusive a usamos em dois níveis de significado totalmente diferentes. Faz tempo que o "trabalho" não significa mais (como seria adequado) a forma capitalista de atividade do moinho humano sem finalidade para além de si mesmo, mas antes este conceito apaga seus rastros e se torna sinônimo de qualquer esforço orientado para um fim.

> *Além dos serviços materiais, também os serviços pessoais e simples podem elevar o bem-estar imaterial. Assim, pode-se elevar o bem-estar de um cliente quando um prestador de serviço retira-lhe trabalho que ele próprio teria de fazer. Ao mesmo tempo, eleva-se o bem-estar dos prestadores de serviço quando o seu sentimento de autoestima se eleva em resultado de sua atividade. Exercer um serviço simples e relacionado a uma pessoa é melhor à psique do que estar desempregado.*
>
> Relatório da Comissão para Questões do Futuro dos Estados Livres da Baviera e da Saxônia, 1997

Essa imprecisão conceitual prepara o solo para uma crítica da sociedade do trabalho tão corriqueira e de meia-tigela que opera exatamente de modo oposto, isto é, toma como ponto de partida uma interpretação positiva do imperialismo do trabalho. A sociedade do trabalho, justo ela, é acusada de ainda não dominar suficientemente a vida com a sua forma de atividade, porque, pretensamente, ela define o conceito de trabalho de modo supostamente "muito estreito", isto é, excomungando moralmente o "trabalho para si mesmo" ou a "autoajuda não remunerada" (trabalho doméstico, ajuda da vizinhança etc.) e aceitando como "verdadeiro" apenas o trabalho remunerado típico do mercado. Uma reavaliação e uma ampliação do conceito de trabalho deveriam eliminar essa fixação unilateral e as hierarquizações a ela associadas.

Esse raciocínio, portanto, não trata de maneira alguma da emancipação perante as coerções dominantes, mas somente de uma correção semântica. A imensa crise da sociedade do trabalho deveria ser solucionada pela "real" elevação, por parte da consciência social, das formas de atividade até então inferiores, à nobreza do trabalho, ao lado da esfera da produção capitalista.

A inferioridade dessas atividades, no entanto, não é somente resultado de um determinado ponto de vista ideológico, mas pertence à estrutura fundamental do sistema capitalista e não pode ser superada por simpáticas redefinições morais.

Numa sociedade dominada pela produção de mercadorias como fim em si mesmo, só pode ser considerado riqueza real o que é representável na forma monetarizada. O conceito de trabalho determinado por esse contexto brilha de modo imperial sobre todas as outras esferas; mas apenas negativamente, na medida em que identifica essas esferas como dependentes dele. Assim, as esferas externas à produção de mercadorias permanecem necessariamente na sombra da esfera da produção capitalista, porque não são integradas na lógica abstrata empresarial da economia de tempo – também e especialmente quando elas são necessárias para a vida, tais como a esfera cindida e definida como "feminina" das atividades domésticas, do cuidado pessoal etc.

> *Agarre-se ao conhecimento comprovado no trabalho, pois a própria natureza confirma esse conhecimento dizendo sim a ele. No fundo, você não tem outro conhecimento a não ser aquele que foi adquirido através do trabalho, todo o resto é somente uma hipótese do saber.*
>
> Thomas Carlyle,
> Trabalhar e não desesperar, 1843

Em vez de sua crítica radical, uma ampliação moralizante do conceito de trabalho não só obscurece o imperialismo social real da economia produtora de mercadorias, mas enquadra-se perfeitamente nas estratégias autoritárias da administração estatal da crise. A reivindicação feita desde os anos 1970 para que o "trabalho doméstico" e as atividades do "terceiro setor" também fossem "reconhecidos" socialmente como trabalhos plenamente válidos começou por especular com uma remuneração estatal em dinheiro. O Estado em crise vira o jogo e mobiliza o ímpeto moralista dessa reivindicação no sentido do infame "princípio da subsidiariedade", exatamente contra as suas expectativas materiais.

O cântico dos cânticos da "função honorífica" e do "trabalho voluntário" não trata da autorização para mexer nos cofres financeiros quase vazios do Estado, mas torna-se um álibi para a retirada social do Estado, para os programas já em andamento de trabalho compulsório e para a tentativa sórdida de transferir o peso da crise principalmente para as mulheres. As instituições sociais oficiais abandonam a sua responsabilidade social com um apelo tão amigável quanto gratuito para que "nós todos" combatamos, por iniciativa privada, tanto a própria miséria quanto a dos outros, sem fazer mais nenhuma reivindicação material. É assim que o malabarismo terminológico do ainda sagrado conceito de trabalho, confundido com um programa de emancipação, abre as portas à tentativa estatal de suprimir o trabalho assalariado por meio da eliminação do salário sob a conservação do trabalho no deserto da economia de mercado. Isso demonstra involuntariamente que hoje a emancipação social não pode significar a *revalorização* do trabalho, mas somente a sua *desvalorização* consciente.

15. A crise da luta de interesses

POR MAIS QUE A CRISE FUNDAMENTAL do trabalho seja recalcada ou transformada em tabu, ela molda todos os conflitos sociais atuais. A transição de uma sociedade de integração de massas para uma ordem de seleção e *apartheid* não levou a uma nova rodada da velha luta de classes entre capital e trabalho, mas a uma crise categorial da própria luta de interesses imanente ao sistema. Já na época da prosperidade, após a Segunda Guerra Mundial, a antiga ênfase da luta de classes tinha enfraquecido. Mas não que o sujeito "em si mesmo" revolucionário tenha sido "integrado" com um bem-estar duvidoso, através de manipulações e subornos, mas, ao contrário, porque veio à tona, no estágio de desenvolvimento fordista, a identidade lógica de capital e trabalho como categorias sociais funcionais de uma forma fetichista social comum. O desejo imanente ao sistema de vender a mercadoria força de trabalho em melhores condições perdeu qualquer momento transcendente.

Se, até os anos 1970, ainda se tratava de assegurar tanto quanto possível a participação de amplas camadas nos frutos tóxicos da sociedade do trabalho, mesmo esse impulso foi extinto sob as novas condições de crise da Terceira Revolução Industrial. Apenas enquanto a sociedade do trabalho estava em expansão foi possível conduzir a luta de interesses de suas categorias sociais funcionais em grande escala. Porém, na mesma medida em que a base comum desapareceu, os interesses imanentes ao sistema não puderam mais ser reunidos ao nível da sociedade como um todo. Tem início uma *dessolidarização* generalizada. Os assalariados desertam dos sindicatos, as executivas desertam das confederações empresariais. Cada um por si e o deus-sistema capitalista contra todos: a tão invocada individualização é apenas um sintoma da crise da sociedade do trabalho.

Se alguns interesses ainda podem ser agregados, isso só ocorre em escala microeconômica. Na mesma medida em que se tornou um privilégio, como um escárnio da emancipação social, que a vida seja reprocessada pela economia empresarial, também a tarefa de representar os interesses da mercadoria força de trabalho degenera em uma brutal política de *lobbies* de segmentos sociais cada vez menores. Quem aceita a lógica do trabalho tem, agora, de aceitar também a lógica do *apartheid*. Trata-se apenas de assegurar a venalidade de sua pele para a própria clientela, estritamente definida e à custa de todos os outros. Há muito que equipes de funcionários e conselhos de empresas não encontram mais seus verdadeiros adversários entre os executivos de sua empresa, mas entre os assalariados de empresas e de "localizações" concorrentes, tanto faz se na cidade vizinha ou no Extremo Oriente. E, quando se coloca a questão de quem será sacrificado no próximo impulso da racionalização econômica empresarial, também o departamento vizinho e o colega imediato tornam-se inimigos.

A dessolidarização radical não afeta apenas o conflito empresarial e sindical. Uma vez que precisamente na crise da sociedade do trabalho todas as categorias funcionais insistem ainda mais fanaticamente na sua lógica inerente, isto é, do bem-estar humano como mero produto residual da valorização rentável, então o "salve-se quem puder" domina todos os conflitos de interesse. Todos os lobistas conhecem as regras do jogo e agem de acordo com elas. Qualquer dinheiro recebido por outra clientela é dinheiro perdido para os seus. Cada ruptura do outro lado da rede social aumenta a chance de adiar a própria sentença de morte. O aposentado torna-se o adversário natural do contribuinte; o doente, o inimigo de todos os assegurados; e o imigrante, objeto de ódio de todos os nativos enfurecidos.

> *Foi comprovado que, conforme as leis inevitáveis da natureza humana, alguns seres humanos estão expostos à necessidade. Estes são as pessoas infelizes que na grande loteria da vida tiraram a má sorte.*
>
> Thomas Robert Malthus

Isso esgota irreversivelmente o esforço de querer utilizar a luta de interesses imanentes ao sistema como alavanca para a emancipação social. Assim, a esquerda clássica chega ao fim. O renascimento de uma crítica radical do capitalismo pressupõe a ruptura categorial com o trabalho. Somente quando se estabelecer um novo objetivo da emancipação social além do trabalho e de suas categorias fetichistas derivadas (valor, mercadoria, dinheiro, Estado, forma jurídica, nação, democracia etc.), é que será possível uma "ressolidarização" a um nível mais elevado e na escala da sociedade como um todo. Só a partir dessa perspectiva é que as lutas defensivas imanentes ao sistema podem ser reagrupadas contra a lógica do lobby e da individualização; agora, contudo, não mais em referência positiva, mas em referência estratégica negativa às categorias dominantes.

A esquerda tem evitado, até agora, essa ruptura categorial com a sociedade do trabalho. Ela rebaixa as coerções do sistema a meras ideologias e a lógica da crise a um mero projeto político dos "dominantes". A nostalgia socialdemocrata e keynesiana ocupa o lugar da ruptura categorial. Não se pretende uma nova universalidade concreta da formação social além do trabalho abstrato e da forma do dinheiro; ao contrário, a esquerda tenta se aferrar desesperadamente à antiga universalidade abstrata dos interesses imanentes ao sistema. Mas essas tentativas permanecem abstratas e não conseguem mais integrar nenhum movimento social de massas porque passam ao largo das relações reais de crise.

Isso vale particularmente para a reivindicação de renda mínima ou de dinheiro para subsistência. Em vez de vincular as lutas sociais concretas defensivas, contra determinadas medidas do regime de *apartheid*, a um programa geral contra o trabalho, essa reivindicação pretende construir uma falsa universalidade de crítica social, que se mantém, em todos os aspectos, abstrata, desamparada e imanente ao sistema. Isso não permite superar a concorrência social de crise. De maneira ignorante, continua-se a pressupor o funcionamento eterno da sociedade global do trabalho; pois de onde deveria vir o dinheiro para financiar a renda mínima garantida pelo Estado senão dos processos de valorização bem-sucedidos? Quem conta com esse "dividendo social" (o termo já explica tudo) precisa, ao mesmo tempo, apostar silenciosamente na posição privilegiada de "seu próprio país" na concorrência global, pois só a vitória na guerra global dos mercados permitiria alimentar provisoriamente alguns milhões de comensais "supérfluos" em termos capitalistas – excluindo, obviamente, todos aqueles sem documentação nacional.

Os reformistas amadores da reivindicação de renda mínima ignoram a constituição capitalista da forma do dinheiro em todos os aspectos. No fundo, entre os sujeitos do trabalho e os sujeitos do consumo de mercadorias capitalistas, eles apenas querem salvar estes últimos. Em vez de pôr em questão o modo de vida capitalista em geral, apesar da crise do trabalho, o mundo deveria continuar a ser enterrado debaixo de uma avalanche de latas fedorentas, de horrorosos blocos de concreto e da sucata de mercadorias com baixa qualidade, para que aos homens restasse a última e triste liberdade que eles ainda podem imaginar: a liberdade de escolha diante das prateleiras do supermercado.

Mas mesmo essa perspectiva triste e limitada é totalmente ilusória. Seus protagonistas de esquerda e analfabetos teóricos esqueceram que o consumo capitalista de mercadorias nunca serve simplesmente para a satisfação de necessidades, mas pode ser sempre apenas uma função no movimento da valorização. Quando a força de trabalho não pode mais ser vendida, mesmo as necessidades mais elementares são consideradas exigências descaradamente luxuosas, que deveriam ser reduzidas ao mínimo. E, justamente por isso, o programa de renda mínima funciona como veículo, isto é, como instrumento da redução estatal de custos e como versão miserável da transferência social, substituindo as proteções sociais em colapso. Nesse sentido, o guru do neoliberalismo, Milton Friedman, originalmente desenvolveu o conceito de renda mínima antes que a esquerda desarmada a descobrisse como pretensa âncora de salvação. E com esse conteúdo ele ainda será realidade - ou não será.

16. A superação do trabalho

A RUPTURA CATEGORIAL COM O trabalho não encontra nenhum campo social pronto e objetivamente determinado, como no caso da luta de interesses limitada e imanente ao sistema. Trata-se de uma ruptura com a falsa normatividade objetivada da "segunda natureza"; portanto, não é ela mesma, novamente, uma execução quase automática e sim uma consciência negativa - recusa e rebelião sem qualquer "lei da história" por trás de suas costas. O ponto de partida não pode ser nenhum novo princípio abstrato geral, mas apenas o asco pela própria existência como sujeito do trabalho e da concorrência, e a rejeição categórica de ter de continuar a funcionar dessa forma em um nível cada vez mais miserável.

Apesar de sua supremacia absoluta, o trabalho nunca conseguiu apagar totalmente a relutância contra as coerções impostas por ele. Ao lado de todos os fundamentalismos regressivos e de todos os desvarios de concorrência da seleção social, existe também um potencial de protesto e resistência. O mal-estar no capitalismo está maciçamente presente, mas é reprimido para o subsolo sociopsíquico. Ele não é invocado. Por isso, precisa-se de um novo espaço de liberdade intelectual para poder tornar pensável o impensável. O monopólio de interpretação do mundo pelo campo do trabalho precisa ser rompido. A crítica teórica do trabalho ganha, assim, o papel de catalisador. Ela tem o dever de atacar frontalmente as interdições dominantes ao pensamento e expressar claramente aquilo que ninguém se atreve a saber, mas que muitos sentem: a sociedade do trabalho está definitivamente em seu fim. E não há a menor razão para lamentar sua agonia.

Somente a crítica do trabalho formulada expressamente e um debate teórico correspondente podem criar aquela nova *contraesfera pública*, pressuposto indispensável para que se constitua um movimento de prática social contra o trabalho. As disputas internas ao campo do trabalho esgotaram-se e tornam-se cada vez mais absurdas. Isso torna ainda mais urgente redefinir as linhas sociais de conflito ao longo das quais é possível formar uma *união contra o trabalho*.

Precisam ser esboçadas em linhas gerais quais são os rumos possíveis para um mundo além do trabalho. O programa contra o trabalho não se alimenta de um cânon de princípios positivos, mas da força da negação. Se a imposição do trabalho foi acompanhada por uma longa expropriação do homem das condições de sua própria vida, então a negação da sociedade do trabalho só pode consistir em que os homens se reapropriem de seu contexto social em um nível histórico superior. Por isso, os inimigos do trabalho se esforçarão para formar uniões mundiais de indivíduos livremente associados que arranquem os meios de produção e existência da máquina de trabalho e valorização que gira em falso, tomando-os em suas próprias mãos. Somente na luta contra a monopolização de todos os recursos sociais e potenciais de riqueza pelas forças alienadoras do mercado e do Estado é que os espaços sociais de emancipação podem ser ocupados.

Também a propriedade privada precisa ser atacada de um modo novo e diferente. Para a esquerda até aqui existente, a propriedade privada não era a forma jurídica do sistema produtor de mercadorias, mas apenas um ominoso "poder de disposição" subjetivo dos recursos por parte dos capitalistas. Assim, pôde surgir a ideia absurda de querer superar a propriedade privada sobre a base da produção de mercadorias. Então, como oposição à propriedade privada aparecia, em regra, a propriedade estatal ("nacionalização"). Mas o Estado não é outra coisa senão a associação coercitiva exterior ou a universalidade abstrata de produtores de mercadorias socialmente atomizados; a propriedade estatal é, portanto, apenas uma forma derivada da propriedade privada, tanto faz se com ou sem o adjetivo "socialista".

Na crise da sociedade do trabalho, tanto a propriedade privada quanto a propriedade estatal tornam-se obsoletas porque ambas as formas de propriedade pressupõem igualmente o processo de valorização. É precisamente por isso que os meios materiais correspondentes ficam crescentemente abandonados e fechados. E funcionários estatais, empresariais e jurídicos vigiam zelosamente para que isso continue assim e para que os meios de produção antes apodreçam do que sejam utilizados para outro fim. A conquista dos meios de produção por associações livres contra a administração coercitiva estatal e jurídica só pode significar que esses meios de produção não sejam mais mobilizados na forma da produção de mercadorias para mercados anônimos.

> *O 'trabalho' é, em sua essência, a atividade não livre, não humana, não social, determinada pela propriedade privada e criadora da propriedade privada. A superação da propriedade privada efetivar-se-á somente quando ela for concebida como superação do 'trabalho'.*
>
> Karl Marx,
> Sobre o livro O sistema nacional da economia política, de Friedrich List, 1845

A produção de mercadorias é substituída pela discussão direta, o acordo e a decisão conjunta dos membros da sociedade sobre o uso sensato dos recursos. Produz-se a identidade institucional e social entre produtores e consumidores, impensável sobre o ditame do fim em si mesmo capitalista. As instituições alienadas do mercado e o Estado são substituídas por um sistema escalonado de *conselhos*, no qual as associações livres, dos bairros até o nível mundial, definem o fluxo de recursos de acordo com os pontos de vista da razão sensível, social e ecológica.

Já não é o fim em si mesmo do trabalho e do "emprego" que determina a vida, mas a organização do uso sensato das possibilidades comuns, que não são dirigidas pela "mão invisível" automática, mas por uma ação social consciente. A riqueza produzida é apropriada diretamente segundo as necessidades, não segundo o "poder de compra". Junto com o trabalho, desaparece a universalidade abstrata do dinheiro, assim como a do Estado. As nações separadas são substituídas por uma sociedade mundial que não necessita mais de fronteiras e na qual todas as pessoas podem se deslocar livremente e reivindicar o direito universal de permanência em qualquer lugar.

A crítica do trabalho é uma declaração de guerra contra a ordem dominante, não a coexistência pacífica em forma de nichos com essa ordem e as respectivas coerções. O lema da emancipação social só pode ser: tomemos o que necessitamos! Não nos arrastemos mais de joelhos sob o jugo dos mercados de trabalho e da administração democrática da crise! O pressuposto disso é o controle das condições de reprodução da sociedade num todo por parte de novas formas sociais de organização (associações livres, conselhos). Essa pretensão diferencia fundamentalmente os inimigos do trabalho de todos os políticos de nichos e de todos os espíritos mesquinhos de um socialismo de hortas domésticas.

O domínio do trabalho divide o indivíduo humano. Separa o sujeito econômico do cidadão, o animal de trabalho do homem de tempo livre, a esfera pública abstrata da esfera privada abstrata, a masculinidade produzida da feminilidade produzida, opondo assim ao indivíduo isolado sua própria relação social como um poder estranho e dominador. Os inimigos do trabalho almejam a superação dessa esquizofrenia através da apropriação concreta do contexto social por homens agindo de modo consciente e autorreflexivo.

17. Um programa de abolições contra os amantes do trabalho

OS INIMIGOS DO TRABALHO SERÃO acusados de não serem mais que sonhadores. A história teria demonstrado que uma sociedade que não se baseia nos princípios do trabalho, da coerção da produção, da concorrência de mercado e do egoísmo individual, não pode funcionar. Vocês, apologistas das condições dominantes, querem afirmar que a produção de mercadorias capitalistas trouxe, realmente, para a maioria dos homens, uma vida minimamente aceitável? Vocês dizem que "está funcionando", quando justamente o crescimento abrupto das forças produtivas expulsa milhões de pessoas da humanidade, que podem ficar felizes em sobreviver nos lixões? Quando outros milhões suportam a vida corrida sob o ditame do trabalho no isolamento, na solidão, no *doping* sem prazer do espírito e adoecendo física e psiquicamente? Quando o mundo se transforma em um deserto só para fazer do dinheiro mais dinheiro? Pois bem. Esse é realmente o modo como o seu grandioso sistema de trabalho "funciona". Com certeza nós não queremos alcançar tais conquistas.

Sua autocomplacência baseia-se em sua ignorância e na fraqueza de sua memória. A única justificativa que encontram para seus crimes atuais e futuros é a situação do mundo, assentada em seus crimes passados. Vocês esqueceram e recalcaram quantos massacres estatais foram necessários para impor, com torturas, a sua enganosa "lei natural" nos cérebros dos homens, segundo a qual seria um verdadeiro golpe de sorte ser "empregado" por outros e ter sugada toda a energia vital no abstrato fim em si mesmo do seu ídolo do sistema.

Foi preciso exterminar todas as instituições da auto-organização e da cooperação autodeterminada das antigas sociedades agrárias, até que a humanidade fosse capaz de interiorizar o domínio do trabalho e do interesse pessoal. Talvez tenha sido feito um trabalho completo. Não somos exageradamente otimistas. Não podemos saber se a libertação desta existência condicionada será bem-sucedida. Fica em aberto a questão de se o declínio do trabalho leva à superação da loucura do trabalho ou ao fim da civilização.

Vocês argumentarão que, com a superação da propriedade privada e da coerção de ganhar dinheiro, todas as atividades acabarão e irromperá uma preguiça generalizada. Então admitem que todo seu sistema "natural" se baseia em pura coerção? E que, por isso, vocês temem a preguiça como um pecado mortal contra o espírito do ídolo-trabalho? Os inimigos do trabalho, no entanto, nada têm contra a preguiça. Um dos seus objetivos principais é recuperar a cultura do ócio, conhecida outrora por todas as sociedades, e destruída para impor uma produção infatigável e vazia de sentido. Por isso os inimigos do trabalho antes de mais nada fecharão, sem nenhum tipo de substituição, os inúmeros ramos de produção que servem apenas para manter impiedosamente o fim em si mesmo alucinado do sistema produtor de mercadorias.

> *Que o trabalho – não somente nas condições atuais mas, em geral, na medida em que sua finalidade é a mera ampliação da riqueza -, que, então, o trabalho em si mesmo seja prejudicial e nefasto é consequência, sem que o economista nacional (Adam Smith) o saiba, das suas próprias exposições.*
>
> Karl Marx,
> Manuscritos econômico-filosóficos,
> 1844

Não falamos apenas das áreas de trabalho claramente perigosas, como a indústria automobilística, de armamentos e de energia nuclear, mas também da produção das inúmeras próteses de sentido e objetos idiotas de entretenimento que se pretendem um substituto para a vida desperdiçada do homem do trabalho. Também terá de desaparecer o número monstruoso de atividades que só existem porque as massas de produtos precisam ser comprimidas para passar pelo buraco da agulha da forma do dinheiro e da mediação do mercado. Ou vocês acham que serão ainda necessários contadores e calculadores de custo, especialistas de marketing e vendedores, representantes e redatores publicitários quando as coisas forem produzidas conforme a necessidade e todos simplesmente tomarem o que precisam? E para que haveriam ainda funcionários de finanças e policiais, assistentes sociais e administradores da pobreza, quando não houver mais propriedade privada a ser protegida nem miséria social a ser administrada e quando não for preciso domesticar ninguém para a coerção alienada do sistema?

Já estamos ouvindo o grito: e todos esses empregos! Isso mesmo. Calculem com calma quanto tempo de vida a humanidade rouba diariamente a si mesma só para acumular "trabalho morto", administrar pessoas e lubrificar o sistema dominante. Quanto tempo nós todos poderíamos deitar ao sol, em vez de nos esfolar para coisas sobre cujo caráter grotesco, repressivo e destruidor já se encheram bibliotecas inteiras. Mas não tenham medo. De forma alguma acabarão todas as atividades quando a coerção do trabalho desaparecer. Na verdade, todas as atividades mudam seu caráter quando não estão mais fixadas numa esfera autorreferente e esvaziada de sentido, em tempos de fluxo abstratos, podendo seguir, ao contrário, o seu próprio ritmo, individualmente variado e integrado em contextos pessoais de vida; quando mesmo em grandes formas de organização da produção os homens determinem o processo, em vez de serem determinados pelo ditame da valorização empresarial. Por que se deixar apressar pelas exigências insolentes de uma concorrência imposta? É o caso de redescobrir a lentidão.

É claro que também não desaparecerão as atividades domésticas e de cuidado das pessoas que a sociedade do trabalho tornou invisível, cindiu e definiu como "femininas". Cozinhar é tão pouco provável de ser automatizado quanto trocar fraldas de bebê. Logo que, junto com o trabalho, a separação das esferas sociais for superada, essas atividades necessárias podem vir à luz da organização social consciente, para além das atribuições de gênero. Elas perdem seu caráter repressivo quando deixam de subsumir pessoas entre si, e quando são desempenhadas igualmente por homens e mulheres de acordo com circunstâncias e necessidades.

Não afirmamos que toda atividade torna-se, desse modo, um prazer. Algumas mais, outras menos. Obviamente há sempre algo necessário a ser feito. Mas a quem isso poderia assustar se a vida não for consumida nisso? E haverá sempre muito mais que fazer por decisão livre. Pois a atividade é tão necessária quanto o ócio. Nem mesmo o trabalho conseguiu apagar totalmente essa necessidade, apenas a instrumentalizou para si e a sugou vampirescamente.

Os inimigos do trabalho não são fanáticos de um ativismo cego, nem de uma inatividade igualmente cega. Ócio, atividades necessárias e atividades livremente escolhidas devem ser colocados numa relação com sentido, que se oriente pelas necessidades e pelos contextos de vida. Uma vez arrancadas das coerções capitalistas objetivas do trabalho, as forças produtivas modernas podem ampliar enormemente o tempo livre disponível para todos. Por que passar, dia após dia, tantas horas em galpões de fábricas e escritórios se autômatos de todos os tipos podem assumir uma grande parte dessas atividades? Para que deixar transpirar centenas de corpos humanos quando algumas poucas ceifadeiras são suficientes? Para que gastar a mente com uma rotina que um computador pode executar prontamente?

Todavia, só uma mínima parte da técnica pode ser utilizada para esses fins na sua forma capitalista. A maior parte dos agregados técnicos precisa ser totalmente transformada porque foi construída segundo os padrões limitados da rentabilidade abstrata. Por outro lado, muitas possibilidades técnicas nem sequer foram desenvolvidas pela mesma razão. Ainda que se possa produzir energia solar em qualquer canto, a sociedade do trabalho enche o mundo de perigosas usinas elétricas centralizadas. E, apesar de serem conhecidos há muito tempo métodos não agressivos na produção agrícola, o cálculo abstrato do dinheiro derrama venenos na água aos milhares, destrói os solos e polui o ar. Só por razões empresariais, materiais de construção e alimentos dão três vezes a volta ao globo, apesar de poderem ser facilmente produzidos localmente e sem longas rotas de transporte. Uma parte considerável da técnica capitalista é tão vazia de sentido e supérflua quanto o dispêndio de energia humana relacionado a ela.

Não estamos dizendo-lhes nada de novo. E, no entanto, nunca tirarão as conclusões daquilo que vocês mesmos sabem muito bem; pois recusam qualquer decisão consciente sobre quais meios de produção, transporte e comunicação usar de modo sensato e quais deles são prejudiciais ou simplesmente supérfluos. Quanto mais agitados vocês recitam seu mantra da liberdade democrática, tanto mais acirradamente rejeitam a mais elementar liberdade social de decisão, porque querem continuar servindo ao cadáver dominante do trabalho e às suas pseudo "leis naturais".

18. A luta contra o trabalho é antipolítica

A SUPERAÇÃO DO TRABALHO É TUDO menos uma utopia nebulosa. A sociedade mundial não pode continuar na sua forma atual por mais cinquenta ou cem anos. O fato de os inimigos do trabalho lidarem com o ídolo-trabalho já clinicamente morto não facilita necessariamente a sua tarefa. Quanto mais a crise da sociedade do trabalho se agrava e quanto mais falham todas as tentativas de consertá-la, tanto mais cresce o abismo entre o isolamento de mônadas sociais desamparadas e as reivindicações de um movimento de apropriação da sociedade como um todo. O crescente asselvajamento das relações sociais em grandes partes do mundo mostra que a velha consciência do trabalho e da concorrência desce a níveis cada vez mais baixos. Apesar de todos os impulsos de um mal-estar no capitalismo, os surtos de descivilização parecem ser o curso natural da crise.

Perante perspectivas tão negativas, seria fatal negligenciar a crítica prática do trabalho como um programa abrangente para a sociedade como um todo e se limitar a construir uma economia precária de sobrevivência nas ruínas da sociedade do trabalho. A crítica do trabalho só tem alguma chance se lutar contra a corrente da dessocialização, em vez de se deixar levar por ela. Os padrões civilizatórios já não podem ser defendidos com a política democrática, mas apenas contra ela.

> *A nossa vida é o assassinato pelo trabalho durante sessenta anos ficamos pendurados e estrebuchando na cordamas vamos soltar-nos.*
>
> Georg Büchner,
> A Morte de Danton, 1835

Quem almeja a apropriação emancipatória e a transformação de todo o contexto social dificilmente pode ignorar a instância que tem organizado por tanto tempo as suas condições gerais. É impossível se rebelar contra a expropriação das próprias potencialidades sociais sem o confronto com o Estado. Pois o Estado não apenas administra cerca de metade da riqueza social, mas assegura também a subordinação coercitiva de todos os potenciais sociais ao imperativo da valorização. Se os inimigos do trabalho não podem ignorar o Estado e a política, tampouco podem fazer o jogo destes.

Se o fim do trabalho é também o fim da política, um movimento político para a superação do trabalho seria uma contradição em si. Os inimigos do trabalho dirigem reivindicações ao Estado, mas não formam nenhum partido político, nem o formarão. A finalidade da política só pode ser a conquista do aparelho do Estado para dar continuidade à sociedade do trabalho. Os inimigos do trabalho, por isso, não querem ocupar os centros de controle do poder, mas sim desativá-los. A sua luta não é política, mas antipolítica.

O Estado e a política da modernidade estão inseparavelmente entrelaçados ao sistema coercitivo do trabalho e por isso terão de desaparecer junto com ele. O palavreado sobre um renascimento da política é apenas a tentativa de reduzir a crítica do terror econômico a uma ação positiva referente ao Estado. Mas a auto-organização e a autodeterminação são exatamente o oposto de Estado e política. A conquista de espaços socioeconômicos e culturais livres não se realiza através dos desvios, caminhos ou extravios da política, mas através da constituição de uma contrassociedade.

Liberdade significa não se deixar triturar pelo mercado, nem administrar pelo Estado, mas organizar as relações sociais por conta própria - sem a intromissão de aparelhos alienados. Neste sentido, para os inimigos do trabalho trata-se de encontrar novas formas de movimentos sociais e de ocupar pontos estratégicos para uma reprodução da vida para além do trabalho. É necessário juntar as formas de uma práxis de oposição social com a recusa firme do trabalho.

Que os poderes dominantes nos declarem loucos porque ousamos a ruptura com seu sistema coercitivo irracional. Não temos nada a perder a não ser a perspectiva da catástrofe para a qual eles nos conduzem. Temos a ganhar um mundo para além do trabalho.

Proletários de todo o mundo, acabem com isto!

Adendo à quarta edição alemã

Vinte anos do *manifesto contra o trabalho*

Norbert Trenkle, 2019

Desde que publicamos o *Manifesto contra o trabalho*, há quase 20 anos, a crise fundamental do capitalismo não apenas se intensificou rapidamente do ponto de vista econômico, mas, cada vez mais, coloca em questão a própria existência da sociedade da mercadoria como um todo. A destruição dos fundamentos naturais da vida avança desenfreada, a fratura social do mundo atinge dimensões dramáticas e, no plano político, assistimos a um retorno assustador das identidades coletivas, juntamente com o ressurgimento de partidos e movimentos nacionalistas, de extrema-direita e populistas de esquerda. Não é surpreendente que a exaltação quase religiosa do trabalho não tenha sofrido com isso, uma vez que ela expõe um elemento constitutivo da subjetividade moderna e indica a posição central do trabalho na sociedade capitalista. No entanto, a orientação da ideologia do trabalho modificou-se em muitos aspectos desde a década de 1990. Naquela época, o ponto central era a celebração interminável da motivação individual de desempenho, conforme o lema neoliberal segundo o qual cada um era responsável pela própria sorte. Desde então, a invocação do trabalho deslocou-se cada vez mais para o centro das construções de identidade coletiva, flanqueando ideologicamente a delimitação nacionalista e a exclusão racista. Soma-se a isso a bem conhecida oposição com conotação antissemita entre o "trabalho honesto" e o "capital financeiro parasitário", que experimentou um renascimento no decorrer do processo ininterrupto de crise. Não há novidade. Já na década de 1990, esses momentos ideológicos e identitários foram misturados no fetichismo do trabalho então dominado pelo neoliberalismo; isso já foi abordado no *Manifesto*. Mas eles estão moldando cada vez mais o discurso do trabalho.

A crítica ao trabalho continua, portanto, tão atual como sempre foi. Nos últimos vinte anos, no entanto, não só a crise social se tornou mais aguda, como também prosseguiu o desenvolvimento teórico da crítica do valor. Com instrumentos conceituais afiados, estamos agora em condição de analisar o processo de crise de forma mais precisa em muitos aspectos, não só nas suas dimensões econômica e política, mas também nas dimensões subjetiva e ideológica. É impossível descrevê-los em detalhe aqui, mas pelo menos alguns aspectos importantes devem ser esboçados brevemente. Aqueles que desejarem ir adiante podem consultar os textos nas notas finais.[1]

***

Comecemos com algumas observações sobre o desenvolvimento econômico no sentido mais restrito. Olhando para os dados empíricos puros, talvez pareça exagerada a frase do *Manifesto*: "A venda da mercadoria força de trabalho será no século XXI tão promissora quanto a venda de diligências no século XX".[2] Mas a afirmação central da teoria da crise segundo a qual a Terceira Revolução Industrial levou a um deslocamento absoluto do trabalho vivo da produção de valor e iniciou uma crise fundamental de valorização do capital, permanece válida sem reservas. É verdade que a procura de força de trabalho à escala global não entrou em colapso tão maciçamente como a frase citada sugere; em algumas regiões em *boom*, sobretudo na China e no Sudeste Asiático, nesse meio tempo foram até criados em massa novos postos de trabalho. Isso, no entanto, não refuta a afirmação de que a base para a valorização do capital tem se tornado cada vez mais estreita. Pois o enorme crescimento econômico nessas regiões, assim como em alguns centros capitalistas, deve-se em grande parte à gigantesca acumulação de capital fictício nos mercados financeiros transnacionais, que tem mantido

---

1 Para mais detalhes sobre o desenvolvimento da crítica do valor: Ernst Lohoff e Norbert Trenkle: *"É preciso uma nova perspectiva de emancipação social". Conversa com Ernst Lohoff e Norbert Trenkle (grupo Krisis) sobre a crítica do valor, a crise fundamental do capitalismo e o crescente irracionalismo social*, www.krisis.org, 2008. Disponível em: http://www.krisis.org/2018/preciso-uma-nova-perspectiva-de-emancipao-social/

2 Ernst Lohoff: *Auf Selbstzerstörung programmiert*, Krisis 2/ 2013.

em marcha a dinâmica econômica mundial durante várias décadas. Ele é, portanto, expressão e efeito do adiamento da crise iniciado com a revolução neoliberal na década de 1980, com base no mercado financeiro.

Embora o *Manifesto* já abordasse esse adiamento da crise por meio do capital fictício, é preciso dizer, em retrospectiva, que então não entendíamos suficientemente sua dinâmica interna e sua lógica de movimento e, portanto, também avaliamos de maneira equivocada suas dimensões e horizonte temporal. Assumimos que a "simulação do capitalismo de cassino da sociedade do trabalho", como a chamávamos então, logo alcançaria seus limites. Essa avaliação não estava correta. Mesmo a grande quebra dos mercados financeiros globais de 2008, que sem dúvida representou uma ruptura qualitativa no longo processo de crise e empurrou a economia global para a beira do abismo, pôde ser absorvida mais uma vez. Com imensos programas de salvamento econômico e bancário e uma política monetária extremamente expansiva, os governos e os bancos centrais conseguiram reativar a acumulação impulsionada pelos mercados financeiros – no entanto, os custos para muitos países, especialmente no sul da Europa, foram enormes.

O fato de, há cerca de vinte anos, termos avaliado o curso da crise dessa forma, especialmente nas suas dimensões temporais, deveu-se principalmente a razões inerentes à teoria. Comparada com a clareza categorial com que nos anos 1980 e 1990 analisamos a crise de valorização do valor, a nossa análise do capital fictício manteve-se inicialmente deficitária. Embora tenhamos retomado esse termo interpretando-o em oposição ao marxismo tradicional, este último só conhece basicamente a acumulação de capital baseada na extração de mais-valia, de modo que o capital fictício desempenha, no máximo, um papel secundário em suas análises. Ao contrário, já desde a década de 1980 insistíamos que o capital fictício tinha substituído a valorização do valor como força motriz da acumulação de capital, dando assim aos eventos do mercado financeiro um significado próprio no processo de acumulação. No entanto, a diferença fundamental entre a formação do capital fictício e a acumulação de capital baseada na valorização do valor foi estabelecida de tal forma que a ruptura ficou no meio do caminho.[3]

Em essência, reduzimos a dinâmica do capital fictício ao amontoamento de montanhas de dívida crescentes, sobretudo a dívida pública, com a ajuda da qual a acumulação de capital seria "simulada" e "o ídolo-trabalho", como afirma o *Manifesto*, receberia uma "respiração artificial".

Na nossa visão de então, a acumulação nos mercados financeiros tinha basicamente um mero caráter de aparência - ao contrário da "acumulação autêntica" através da utilização de força de trabalho - e, por isso, parecia lógico que muito rapidamente ela atingiria os seus limites. Isso também levou a que só pudéssemos fazer afirmações muito gerais e inconcretas sobre a dinâmica do mercado financeiro e sua lógica interna, bem como sobre os seus efeitos sociais. No entanto, considerando apenas a longa duração da era do capital fictício, aquilo era extremamente insatisfatório e apontava uma fraqueza da análise teórica.

É por isso que mais recentemente concentramos progressivamente a nossa atenção na análise da história interna da era do capital fictício. Isto, no entanto, exigia uma precisão do conceito de capital fictício e um instrumental categorial correspondente, com o qual se pudesse compreender a multiplicação do capital fictício como uma *forma específica de acumulação de capital*. Em primeiro lugar, tinha de ser explicado em que se baseia o potencial de acumulação específico do capital fictício, que de modo algum é meramente "aparente", e, em segundo lugar, de que resultam os limites internos dessa forma específica de acumulação de capital e como eles são alcançados.

Há alguns anos, Ernst Lohoff deu esse passo teórico no livro *A Grande Desvalorização* e, continuando as reflexões fragmentárias de Karl Marx sobre o capital portador de juros do terceiro volume d'*O Capital*, desenvolveu uma crítica específica da economia política da formação do capital fictício.[4] O ponto de partida é a observação de Marx de que a concessão de

---

3 Ernst Lohoff, *Dois livros – dois pontos de vista*, disponível em: http://www.krisis.org/2017/dois-livros-dois-pontos-de-vista/

4 Ernst Lohoff/Norbert Trenkle: *Die große Entwertung*, Münster 2012, S.110 ff., bem como: Ernst Lohoff, *Acumulação de capital sem*

um crédito ou a emissão de ações dá ao capital monetário transferido, por um período de tempo limitado, uma dupla existência. Pelo prazo do crédito ou pela duração da ação emerge, ao lado da soma original de dinheiro, a reivindicação monetária de quem cedeu o dinheiro. Se essa reivindicação monetária tiver uma forma transferível, ou seja, a forma de um título financeiro, então ela mesma pode ser negociada como mercadoria, e essa duplicação equivale a uma forma específica de acumulação de capital - pois a imagem espelhada do capital inicial, na forma do título financeiro correspondente, representa tanto uma parte da riqueza total capitalista como o próprio capital original. É esse estranho mecanismo que constitui a base da acumulação global de capital no capitalismo contemporâneo. Enquanto a massa de reivindicações monetárias negociáveis como mercadorias aumenta cada vez mais rapidamente, o sistema de riqueza abstrata como um todo permanece em um curso de expansão.

No entanto, o predomínio da acumulação na indústria financeira não dissocia completamente o processo de acumulação da economia real. À sua maneira, também a formação de capital na indústria financeira permanece sempre relacionada com variáveis da economia real. Ela não pressupõe qualquer exploração que já tenha ocorrido, isto é, produção passada de mais-valia, mas capitaliza expectativas de lucro no futuro. Em outras palavras, representa a acumulação de valor a ser produzido no futuro. Como tal, no entanto, depende de expectativas e esperanças de aumentos futuros de lucro nos mercados de bens ou, em todo o caso, em determinados mercados de bens. Cada *boom* imobiliário é baseado na perspectiva de aumento dos preços dos imóveis, e cada alta na Bolsa recebe a sua dinâmica a partir da esperança de lucros empresariais futuros.

Esta dependência de portadores de esperanças na economia real, à qual se referem as expectativas de lucro, explica a propensão particular à crise da era do capital fictício. Sempre que tais expectativas se revelam ilusórias e rebentam bolhas especulativas, o capital fictício acumulado perde subitamente a sua validade e fica paralisada a formação de novo capital

---

acumulação de valor, disponível em: http://www.krisis.org/2018/acumulaao-de-capital-sem-acumulaao-de-valor/

fictício. Como aconteceu recentemente na crise global de 2008, ameaça então uma espiral econômica descendente na qual se manifesta o processo de crise fundamental, encoberto pelo inchaço da superestrutura financeira. Só há uma forma de evitá-lo: criando novas quantidades ainda maiores de capital fictício, cuja acumulação é alimentada por expectativas de lucro em outros campos da economia real. Mas quanto mais durar a época do capital fictício, mais difícil será abrir esses novos campos de portadores de esperança na economia real, enquanto, ao mesmo tempo, as reivindicações de valor futuro, que na verdade já não podem ser resgatadas, continuam a se empilhar cada vez mais. Aqui se encontra a barreira interna do capitalismo sustentado pela acumulação da indústria financeira.

Com o *crash* financeiro de 2008, essa barreira interna foi atingida. Só a intervenção maciça e coordenada dos governos e bancos centrais mais importantes impediu que a economia global caísse em uma espiral descendente de enormes proporções. Desde então, a acumulação de capital fictício tem sido mantida essencialmente pelas políticas dos bancos centrais, que canalizam gratuitamente enormes quantidades de dinheiro para os mercados financeiros e financiam diretamente os governos, em boa medida através da compra em massa de títulos públicos. Embora continue a ocorrer uma acumulação de capital fictício privado (isto é, não estatal), referidos a determinados portadores de esperança na economia real (imóveis, inteligência artificial, eletromobilidade, etc.), este já não está no centro da dinâmica dos mercados financeiros, mas depende em grande parte das transferências monetárias dos bancos centrais.[5]

Se agora entendermos a acumulação de capital fictício já não apenas como "acumulação aparente", mas como uma forma específica de acumulação que segue suas próprias leis (e possui suas próprias barreiras internas), então também podemos mostrar mais detalhadamente que consequências isso acarreta para a categoria trabalho - e, portanto, para a massa de pessoas que dependem da venda da sua força de trabalho. Em primeiro lugar, emerge que o trabalho, do ponto de vista econômico, sofre uma perda fundamental

---

[5] Ernst Lohoff, *Die letzten Tage des Weltkapitals. Kapitalakkumulation und Politik im Zeitalter des fiktiven Kapitals*, Krisis 5/2016.

de sentido quando o capital já não aumenta essencialmente por meio da utilização da força de trabalho, antes se referindo diretamente a si próprio.

Na época do capitalismo clássico, que se baseava na valorização do valor e caminhou para o fim com a crise do fordismo nos anos 1970, a força de trabalho era a *mercadoria básica* da acumulação de capital. Porque consiste na única mercadoria cujo valor de uso produz valor e mais-valia. Para os vendedores da força de trabalho, essa posição especial implicava, por um lado, ter de se colocar todos os dias a serviço do capital e se sujeitar às coações da produção de valor; mas, por outro lado, também lhes dava um poder de negociação relativamente forte na oposição ao capital, o que lhes permitia, pelo menos nos centros capitalistas, impor melhorias significativas nos salários, nas condições de trabalho e na proteção social. Além disso, as condições específicas da produção do trabalho em massa padronizado, especialmente na época do fordismo, favoreciam a ampla organização sindical.

A Terceira Revolução Industrial, no entanto, pôs um fim nessa constelação e enfraqueceu fundamentalmente a posição social da mercadoria força de trabalho. Com as novas tecnologias de informação e comunicação, o conhecimento - para ser mais preciso: a aplicação do conhecimento à produção - tornou-se a principal força produtiva e, assim, o trabalho, que até então ocupava essa posição, foi empurrado para fora do seu trono. Ao mesmo tempo, as novas tecnologias da informação e das telecomunicações constituíram também uma pré-condição importante para o surgimento da nova divisão transnacional do trabalho, que permitiu às empresas aproveitar de modo sistemático as disparidades globais em termos de regulamentação ambiental, dos salários e do trabalho, de impostos etc., a fim de reduzir seus custos de produção. Isso não só debilitou ainda mais o poder de negociação dos vendedores da força de trabalho, mas também modificou a relação entre economia e política.[6] Enquanto o capital atuava cada vez mais

6 Norbert Trenkle, *Workout. Die Krise der Arbeit und die Grenzen der kapitalistischen Gesellschaft.* [Workout. A crise do trabalho e os limites da sociedade capitalista]. Palestra de abertura na conferência internacional “Repensando o futuro do trabalho”, 27 a 28 de abril de 2018 - Instituto de Pesquisa ICUB da Universidade de Bucareste. https://www.youtube.com/watch?v=Y6e_UzCuy9k

globalmente e se orientava diretamente para o mercado mundial, a política permaneceu essencialmente restrita ao quadro nacional-estatal, perdendo assim uma parte significativa do seu já sempre limitado espaço de manobra e de ação. Na sequência, os Estados se transformaram em capatazes da hegemonia neoliberal, usando de todos os meios disponíveis para tornar "sua localização" atraente para o capital, a fim de se manter na concorrência global.

Na perspectiva usual da esquerda, a ampla degradação do trabalho e o enfraquecimento dos Estados nacionais resultam da hegemonia neoliberal executada com sucesso por frações influentes do capital, grupos de poder e elites globais, em uma espécie de "luta de classes a partir de cima". É verdade que o neoliberalismo há muito tinha sido preparado ideológica e politicamente em bem organizados *think tanks*, mas é claro que ele só se tornou hegemônico porque a crise dos anos 1970 e 1980 já não podia ser resolvida pelos métodos keynesianos. Há uma razão estrutural para isso: o keynesianismo teve os seus fundamentos quebrados com o fim do *boom* fordista, e nas condições da Terceira Revolução Industrial, mesmo com tantos programas de conjuntura estatais, a dinâmica de valorização não podia mais ser colocada em movimento. Portanto, o campo estava preparado para o neoliberalismo, que prometia impulsionar novamente a produção e superar a crise.[7]

É claro que o neoliberalismo – mesmo com as medidas brutais de desregulamentação dos mercados, a precarização das condições de trabalho, os cortes sociais drásticos, bem como com a privatização de serviços públicos e infraestrutura - também não teve sucesso em superar a crise da valorização do capital. Nas décadas de 1980 e 1990 assistimos, de fato, a um novo impulso da economia mundial, mas a razão para isso não foi, como proclamado pela ideologia neoliberal, a construção de estruturas de produção supostamente mais eficientes; isso é desmentido pelo fato de que nos países pioneiros do neoliberalismo, os EUA e a Grã-Bretanha, a estrutura industrial foi largamente destruída. Pelo contrário, a renovação do dinamismo econô-

---

[7] Ernst Lohoff, *Die letzten Tage des Weltkapitals. Kapitalakkumulation und Politik im Zeitalter des fiktiven Kapitals*, Krisis 5/2016.

mico baseou-se fundamentalmente na acumulação de capital fictício, o que, por sua vez, foi propiciada pela política neoliberal de desregulamentação e abertura dos mercados financeiros. Por isso o neoliberalismo não é de modo algum a causa da crise capitalista, como reivindica um preconceito muito comum, mas, pelo contrário, ele a protelou, abrindo um novo campo no qual o capital pôde se acumular por várias décadas. Os custos sociais, no entanto, foram e são devastadores.

***

A ideologia do trabalho desempenhou um papel importante na implementação da revolução neoliberal e na época que esta iniciou. Ao contrário do fordismo, em que a identificação com a compulsão geral ao trabalho acompanhava a monotonia do trabalho em massa padronizado e seus traços coletivistas, uma ética de desempenho individual foi agora trazida à tona. Do ponto de vista neoliberal, a desregulamentação das relações de trabalho e a destruição do Estado social foram vistos como uma vitória dos motivados sobre os "preguiçosos", que supostamente descansavam na "rede social" à custa da sociedade. Assim, o desemprego em massa descontrolado e o fato de o capitalismo, no nível de produtividade disponível, produzir cada vez mais "pessoas supérfluas" podiam ser reduzidos a um problema de falta de vontade individual de prestar serviço. Também o rápido crescimento das diferenças de renda e de riqueza poderia ser justificado desta forma, uma vez que a renda elevada era considerada a recompensa adequada para uma motivação correspondente. É claro que o caráter manifestamente circular dessa figura ideológica, segundo a qual o rendimento prova o quanto alguém conseguiu, ao mesmo tempo em que isto só deveria ser o resultado desse desempenho determinado, não perturbou evidentemente o açoite do mercado neoliberal. A ideologia do neoliberalismo é, pois, basicamente um sistema fechado e enlouquecido que reinterpreta as contradições internas do sistema capitalista como relações individuais de vontade.

Em uma observação mais atenta, a ideologia neoliberal do desempenho revela muito sobre a relação entre trabalho e capital na era do capital fictício. Uma vez que o trabalho aqui não constitui mais o motor da acumulação de capital, mas se tornou, por sua vez, a variável dependente do capital fictício, o conteúdo material praticamente já não desempenha qualquer papel. Trata-se apenas do simples desempenho inteiramente sem conteúdo, que também é medido pelo resultado monetário puro. O orgulho apático do produtor foi desse modo substituído pelo orgulho estúpido de uma conta bancária gorda e símbolos idiotas de status de sucesso ou de sucesso simulado. O pré-requisito para isso, no entanto, era que uma parte considerável da população, apesar de todas as imposições e ajustamentos que sofriam, ainda participasse da dinâmica do capital fictício e pudesse convencer a si mesma de que estaria entre os ganhadores no futuro.

No entanto, essa ficção rebentou o mais tardar com a crise financeira de 2008, que revelou dolorosamente a total dependência da sociedade em geral e do trabalho em particular à dinâmica do capital fictício. A grande narrativa (neo) liberal, segundo a qual todos poderiam alcançar a prosperidade individual se fossem suficientemente esforçados, perdeu sua hegemonia social.

Não surpreende que as ondas de choque da crise não tenham abalado principalmente a imagem do mundo e a autoimagem das partes da população que já tinham sido socialmente excluídas, e para as quais a afirmação de que o desempenho valia a pena soava há muito tempo como puro escárnio, mas sobretudo as daqueles que pensavam ter chegado ao lado vencedor ou que ainda eram capazes de fazê-lo. Pois eles se viam agora traídos em suas esperanças lamentáveis e, de repente, sentiram-se gravemente ofendidos por serem agora, enquanto vendedores da força de trabalho para o capital, meros apêndices incômodos já nem sequer úteis para o fim em si mesmo da acumulação. Mas a maioria deles não transformou esse questionamento da sua identidade como sujeitos de trabalho e de desempenho em crítica, mas em ressentimento antissemita contra "os especuladores gananciosos e banqueiros", a quem opõem o fantasma do "trabalho honesto". Isto foi acompanhado pelo ódio projetivo contra imigrantes em geral e, particularmente, contra refugiados, que, enquanto encarnações do "supérfluo" capitalista, representam o pânico ante o próprio declínio social e devem, portanto, ser ainda mais implacavelmente removidos do campo de visão e, se possível, de todo o país.

Faz arte dessa lógica que a referência regressiva a uma há muito superada identidade do trabalho seja combinada com um renascimento não menos regressivo das identidades coletivas nacionalistas. Para além do trabalho, a nação é também considerada pelas pessoas formatadas capitalisticamente como uma espécie de razão de existência supra-histórica garantida, independentemente de se tratar de uma invenção do século XIX. Mas também aqui a realidade é sempre percebida pelo filtro do pensamento fetiche. Por isso, trabalho e nação formam um par de certezas aparentemente concretas, às quais os sujeitos da mercadoria sempre se referem de forma identitária em tempos de crise para se protegerem contra as ameaças da dinâmica capitalista. Estas, por outro lado, aparecem como uma força estranha, abstrata e externa que ameaça um modo de vida aparentemente eterno como besta de carga nacionalmente limitada. Nem sempre essa ilusão se transforma na conhecida ideia fixa de que por trás de tudo há uma "conspiração mundial judaica", embora o terreno esteja preparado para esse *topos* antissemita. Em todo o caso, resulta daí a defesa da identidade baseada no trabalho e na nação contra a ameaça das "forças estrangeiras" e o "globalismo" desencadeado pelas "elites neoliberais", bem como contra a erosão imaginada, causada pela imigração em massa de "elementos estranhos à cultura". Ambas as fantasias se complementam e, nessa visão paranoica do mundo, não é, naturalmente, difícil reuni-las, por exemplo, afirmando que os grandes movimentos de refugiados para a Europa são controlados por "grupos de poder judaicos", a fim de destruir as nações europeias a partir de dentro.

Muitos na esquerda estão completamente impotentes diante dessa confusão de delírios porque compartilham elementos centrais dessa mesma visão de mundo. Isso é mais evidente em populistas de esquerda como Wagenknecht, Corbin ou Mélenchon, que estão aderindo ao programa de restauração do capitalismo regulado estatalmente e baseado no trabalho em massa, o que exige um reforço dos Estados nacionais. Além do fato de que esta é uma ideia completamente fantasiosa, é preciso olhar mais de perto para ver as vagas linhas de demarcação que distinguem esta esquerda da nova e da velha direita.[8] Mas mesmo além dessas posições abertamente nacionalistas, a crítica do capitalismo de muitos na esquerda ainda se reduz com muita frequência à denúncia do poder do capital financeiro, dos bancos e das corporações globais, que vivem à custa das grandes maiorias. A extrema polarização da distribuição global da riqueza, que nas últimas décadas assumiu proporções francamente obscenas, é tematizada como se "o povo" (ou como se costuma chamar: "os 99%") estivesse de algum modo fora do capitalismo e fosse apenas externamente oprimido, dominado e explorado por uma minoria global, mas poderosa (os 1%).

Isto, evidentemente, desloca completamente o fato de que a maior dificuldade da emancipação social consiste justamente em romper com a formatação capitalista dos próprios sujeitos e superar o modo de vida da sociedade da mercadoria no qual eles estão fixados.[9] A crítica do trabalho continua central, porque se dirige tanto contra a forma de fetiche principal da sociedade produtora de mercadorias, quanto contra as identidades nela baseadas; não só contra a identidade do trabalho enquanto tal, mas também contra a identidade do "homem trabalhador"[10] e "de alto desempenho" branco-ocidental, cujo mundo é remodelado em conformidade com o seu gosto e ao preço da sua destruição, bem como contra as identidades nacionais sempre associadas à fantasia do "trabalho honesto". A crítica do trabalho visa nada menos do que a criação de uma sociedade em que as pessoas disponham livremente das suas relações sociais, ao invés de serem dominadas por elas na forma de coações objetivadas. Uma sociedade em que as pessoas já não estejam sujeitas à coação do trabalho apenas para poder tomar parte na riqueza social das mercadorias, mas em que todos e cada um possa agir de acordo com as suas necessidades e capacidades. Em

---

[8] Norbert Trenkle: *Vorwärts in die Regression*, in: Merlin Wolf (Hg): Irrwege der Kapitalismuskritik, Aschaffenburg 2017.

[9] Ernst Lohoff: *Die Verzauberung der Welt*, in: Krisis 29, Münster 2005; Karl-Heinz Lewed: *Schopenhauer on the rocks*, in: Krisis 29, Münster 2005; Ernst Lohoff: *Ohne festen Punkt*, in: Krisis 30, Münster 2006; Peter Samol: *All the Lonely People. Narzissmus als adäquate Subjektform des Kapitalismus*, Krisis 4/2016.

[10] Norbert Trenkle, *Ascensão e queda do homem trabalhador*, disponível em: http://www.krisis.org/2015/ascenso-e-queda-do-homem-trabalhador/

outras palavras, visa à apropriação do contexto social por indivíduos livremente associados na forma de uma auto-organização social geral. Nesse sentido, o *Manifesto contra o trabalho* continua tão relevante quanto há vinte anos.

Norbert Trenkle (Grupo Krisis), Janeiro 2019